康熙帝陵

大清陵墓解密

徐鑫 著

辽宁人民出版社

图书在版编目（CIP）数据

康熙帝陵：大清陵墓解密 / 徐鑫著 . —沈阳：辽宁人民出版社，2022.9
（皇陵探秘系列）
ISBN 978-7-205-10440-5

Ⅰ . ①康…　Ⅱ . ①徐…　Ⅲ . ①康熙帝（1654~1722）—陵墓—研究　Ⅳ . ① K928.76

中国版本图书馆 CIP 数据核字（2022）第 082982 号

出版发行：辽宁人民出版社
　　　　　地址：沈阳市和平区十一纬路 25 号　邮编：110003
　　　　　电话：024-23284191（发行部）　024-23284304（办公室）
　　　　　http：//www.lnpph.com.cn
印　　　刷：北京长宁印刷有限公司天津分公司
幅面尺寸：165mm×235mm
印　　张：15
字　　数：186 千字
出版时间：2022 年 9 月第 1 版
印刷时间：2022 年 9 月第 1 次印刷
责任编辑：赵维宁
封面设计：乐　翁
版式设计：一诺设计
责任校对：耿　珺
书　　号：ISBN 978-7-205-10440-5
定　　价：49.80 元

前　言

　　我国古人认为，人死后只是生命载体的一个终止，而其本人的灵魂可以继续存在，只不过是在两个世界，一个是阳间，另一个是阴间。并且认为，灵魂分作"魂"和"魄"两部分，"魂"主精神，而"魄"主身形，并有"三魂七魄"之说。其实灵魂只是存在人们思想意识中的一种非物质的观念。但是由于这种观念的存在，就有了一种"人死灵魂不死"的思想，这种思想的产生就诞生了"希望灵魂在另一个世界继续美好生活"的理念。怎么样才能使自己的祖上和亲人在死后生活得更好呢？于是，古人就想到为死者营建一定规模的坟墓并制定了复杂隆重的礼仪制度。

　　封建帝王认为，能够在上吉之地建陵就可以"开福祉于隆基，绵万年之景运"。这就是所谓"圣天子孝先天下，首重山陵"。

　　皇陵作为一种最重要的历史遗迹，是封建帝王集全国的人力、物力和财力硬件所建设的陵墓陵寝，作为自己在阴间生活居住的地方来埋葬，是通过这一建筑形式而把地上的阳间和地下的阴间构成一个整体，不仅是生者对死者的认识，还是生者与死者的对话，并且是生者生前生活和社会的再现，还是当时社会文明的一个缩影。因此，陵墓是古代帝王坟墓的对话场所，是专用名词，并且是随着封建社会的产生而产生的，至今已有两千多年的历史。封建帝王的陵墓，虽然反映了封建统治者的腐朽，但是在另一方面又是我国先祖留给后人的优秀的历史文化遗产。它们是古代文明和思想观念的综合产物，是历史的再现，是附着在砖、木、瓦、石上的时间记忆，是"前车之鉴，后车之覆"的参照和利用。它们是物质和精神财富的宝库，还是更广泛的文化载体，又是社会文明程度的延续者，是考证历史重大事件和历史疑难问题的宝贵史料。

因此，对清朝陵寝所蕴含文化的研究，可以从中发现其他史料找不到的线索和依据，清朝陵寝所包含的历史和文化价值是清朝历史中重要的组成部分，它将为研究清朝历史课题提供可靠的史料依据。

清朝入关第一帝顺治帝将自己的山陵选在了当时的北京之东河北遵化马兰峪昌瑞山脚下，在长达二百多年的时间内，陆续建成了规模宏大、建筑辉煌的清朝皇陵园——清东陵。

清东陵作为皇家陵寝，虽然已开放多年，很多人旅游观光并研究，但在人们心中依然是很神秘的，由于影视剧的不实宣传和人们对皇陵还有许多不正确的认识和误区等客观原因，清东陵依然有很多神秘的光环。

顺治帝的孝陵建在了清东陵，子随父葬，他的儿子康熙帝也在清东陵建了自己的陵寝——景陵，并且建在了孝陵附近。景陵的附属建筑是两座妃园寝，其中一座为乾隆帝所建。作为清朝入关后建的第二座皇帝陵，因此它在清朝陵寝史上具有承前启后、继往开来的作用。作为开创"康乾盛世"的康熙帝，他的陵寝在诸多方面还存在着许多令人感到疑惑和不解的地方。

景陵的选址为什么竟在一个大深水潭里？

景陵的石像生为什么立在弯又弯的神路上？

景陵营建的规制与创新是什么？

景陵斗匾有什么文字之谜？

皇贵妃迁葬景陵地宫有何谜团？

景陵的火灾何以频频发生？

景陵地宫的九龙玉杯丢失在哪里？

皇子为何葬入妃园寝？

乾隆帝为何为康熙帝的妃子建园寝？

号称"千古一帝"的康熙帝遗骨竟然泡在臭水中

……

走进康熙帝的景陵，让我们近距离解读景陵的历史吧！

目　录

目 录

序章 神秘的 大火

光绪三十一年二月二十日卯时（1905年3月25日早6时许），景陵隆恩殿的上层檐突然浓烟喷冒，继而火光四起，火焰冲天。值班的陵寝官员惊恐万状，慌忙中找来救火工具赶到隆恩门前，却发现沉重的大锁锁住了隆恩门，等人们找来钥匙打开隆恩门，隆恩殿的大火已是万条金龙乱舞，千条烈焰冲天了。

由于事故严重，责任重大，内务府郎中连璧主事博尔庄武等人冒着浓烟烈焰奋不顾身地冲进隆恩殿内，将六块神牌抢救了出来。其他的物品来不及抢救了，因为火势太大，人根本无法靠近。又因为大火

景陵隆恩殿

是从里面往外燃烧的，除了派人迅速上报上司外，只能眼睁睁地看着火焰吞噬着隆恩殿，束手无策。东陵守护大臣载泽、寿全，马兰镇总兵丰升阿闻讯赶到景陵时，整个隆恩殿已经变成了一座熊熊燃烧的火山。没过多少时间，偌大的一座隆恩殿竟化为灰烬，变成了一片废墟。

隆恩殿，也称享殿、大殿，重檐歇山顶，面阔五间，进深三间，前有月台，环以汉白玉石栏杆，龙凤望柱头。在月台前正中踏跺中间的御路上雕刻着"龙凤呈祥"的图案。月台上陈设两个鼎式铜香炉，两侧陈列着两对铜鹿与铜鹤，象征"六合同春"之意。殿内有暖阁三间。中暖阁内供奉着帝后的五件神牌。西暖阁内供奉着敬敏皇贵妃的神牌。暖阁里面还陈设着金玉器皿、陵图及逝者画像。每年的清明、中元、冬至、岁暮为四时大祭，皇帝派

清孝陵铜鹤

清孝陵铜鹿

遣王公致祭行礼。每月朔望，称之为小祭，由陵寝官员自行祭祀。因此说，隆恩殿不仅是陵寝地面上最大的建筑，也是举行祭祀的最主要的场所。

隆恩殿被烧毁，问题太严重！载泽等不敢隐瞒，急忙将此事上奏朝廷，接到奏报后，朝廷感到十分震惊，立即命户部尚书赵尔巽、军机大臣兼户部右侍郎铁良为钦差大臣，赶赴东陵查办此事。两位钦差大臣不敢怠慢，立即动身。到达东陵后，他们严查密访，昼夜刑讯，使出了所有手段，用尽了各种方法，折腾了十多天，什么原因也未查到。二人无计可施，只得回京复旨，上奏说："火自上出，别无可疑形迹。"朝廷对此结果虽不满意，但也是无可奈何。只得严惩了守陵官员，令赵尔巽、铁良勘估重建景陵隆恩殿的钱粮，并承修景陵隆恩

景陵隆恩殿东北侧面

殿。后来承修大臣又有所更换，直到宣统元年（1909）才建成。

对于隆恩殿失火被毁，两位朝廷大员竟查不出半点线索，这可真是一件奇事。当时是农历二月，尚未进入雷雨季节，况且失火那天根本无雨，触雷电失火是完全不可能的。二月二十日距二月初一日小祭已过十九天，距三月初一日清明大祭还差十天，康熙帝及四位皇后的忌辰祭又均不在二月，所以因祭祀时灯火不慎引起火灾的可能性可以完全排除。到底火灾是何原因，东陵地区有两个传言。一是陵寝官员之间矛盾极大，互相陷害。为致景陵官员于死地，其对头设计故意放火。另一种传言是，一个作案多起的江洋大盗长期藏匿于隆恩殿的天花板上，用殿内的蜡烛照明，不小心碰倒了蜡烛，引起了火灾。这两个传言是真是假，现在无从查考。

这是继光绪二年（1876），孝陵神功圣德碑亭被雷火焚毁之后，清东陵发生的第二次大火灾，是景陵发生的第一次大火灾，是景陵各种灾难开始到来的前奏。

现在我们看到的景陵隆恩殿的须弥座台基、殿及月台周围的石栏杆、御路石、拐角的苍龙头、铜炉座、铜鹤鹿座等石构件，都是这次重修时新做的，并非康熙时的原物。雕工明显比较粗糙。

康熙帝景陵的灾难何其多？历史是这样为人们展开他的故事的。

第一章 清东陵:
守陵人的生活

清朝入关后，先后在直隶的遵化和易县开辟了两个规模宏大的皇家陵园——清东陵和清西陵。遵化的陵园因在京师以东，故称为东陵。易县的陵园则因位于京师西面，故称为西陵。清朝入关后的十位皇帝中有九位葬在这两座陵园中，其中在清东陵埋葬的人都是历史上大名鼎鼎的，并且设有两大完整的保护和祭祀体系，维持着生者与死者的关系。

清东陵风水最佳

　　民间认为，人死之后，如选择乾坤聚秀、阴阳和会、龙穴砂水、山川壮美的福区吉地安葬，就能遗福子孙；反之，则降灾于后代。封建帝王的陵墓因为墓主人的尊贵，被称为"万年吉地"，意思是说，

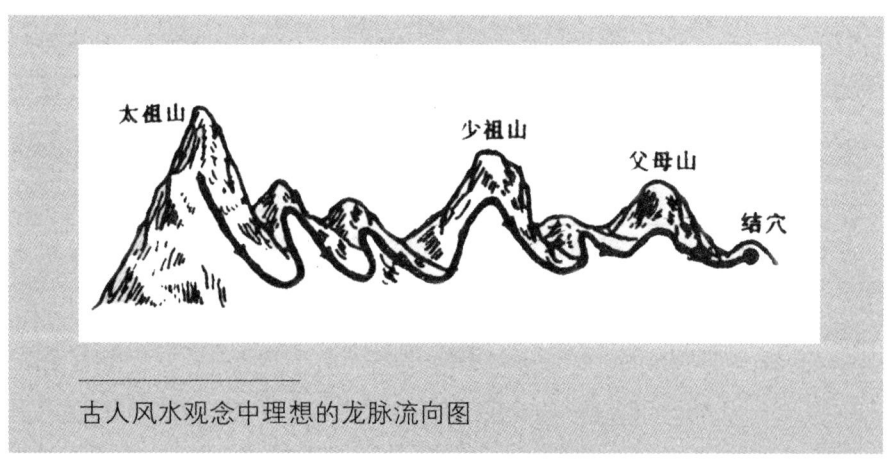

古人风水观念中理想的龙脉流向图

一块好的风水俱佳的墓地，不仅关系着自己死后生活的好坏，更直接影响着子孙后代的繁荣与兴衰。因此，我国历代帝王从即位之日起，便派精通堪舆（风水）之人为自己选择建造陵墓的地点。

据传统的风水说法，山脉是龙的象征，又称龙脉。根据不同的形状，山可分为祖山、宗山、主山等。而每一座山的各个部位，又象征着龙脑、龙尾、分龙、起龙、来龙等。根据不同的土质与形势，地也有福地、吉地、凶地、绝地之分。因此，对于封建帝王来说，选址的好坏更直接关系到国运的兴衰、子孙的兴旺，因此，封建帝王在选择自己的万年吉地时，极为重视。必定以"三年求地、十年定穴"来严格要求陵墓的地理位置的好坏。

清朝在入关以前，因为只是一个地区游牧部落政权，并没有自己的陵寝制度，入关建立全国政权后，受汉族历代王朝尤其是明十三陵的葬制影响，始有陵寝之设，并逐渐形成了一套完整的清朝陵寝制度。

清东陵作为清朝在关内的第一座皇家陵园，无论从自然环境还是地理位置来说，都是一块难得的"风水"宝地。它是顺治帝亲自选中的。

顺治帝六岁登基，是一个忧郁而敏感的少年天子。在他童年和少年时代一直受制于皇父摄政王多尔衮的专制以及随时可能出现的宫廷政变，使体质孱弱、性格内向的顺治帝情绪更加不稳定，尤其害怕疾病，更为恐惧的就是传染力极强的天花。

顺治八年（1651），京城暴发天花疫情，由于对天花的恐惧，顺治帝于十月份奉太后之命，携皇后出京城到遵化一带的山中行猎。当顺

顺治朝服像

治帝带领群臣来到了河北遵化马兰峪丰台岭一带，他登高眺望：只见岗峦起伏，隆起的山脊在蓝天白云的掩映下若隐若现，宛如一条天龙奔涌腾跃，呼啸长空。在天龙盘旋飞舞的中间，有一块坦荡如砥的土地，蔚然深秀，生气盎然。东西两向各有一泓碧水缓缓流淌，波光粼粼，形似一只异常完美的金瓯。顺治帝不停地瞭前眺后，环左顾右，发出由衷

崇祯帝画像

的赞叹："此山王气葱郁非常，可以为朕寿宫。"他立刻来到一处向阳地，翻身下马，双手合十，虔诚地向上天祈祷，随后相度了一块相宜的地势，他将右手大拇指上佩戴的白玉扳指取下小心地扔向山坡，然后庄严地向群臣宣布："扳指停落的地方，就是陵寝的地宫！"并将丰台岭改名昌瑞山。直到这年的十二月份，顺治帝才心满意足地回到京城。

顺治帝无意间选中的这一块风水宝地，就是后来的清东陵。清东陵确实是天设地造的一块绝妙的风水宝地。但这块风水宝地并非是顺治帝第一个相中的，在顺治帝之前，明朝崇祯帝就已选中过此地，只是崇祯帝运气太差，国破家亡，江山易主。他选中的陵地被入关的清

朝皇帝给占用了。

　　清东陵位于北京东面，即今天河北省遵化市马兰峪镇以西，是清朝三大陵园中规模最大、体系最完整的一处皇家陵园，在经历了近两个半世纪的营建中，这里先后葬有五位皇帝（清朝入关第一帝顺治帝、第二帝康熙帝、第四帝乾隆帝、第七帝咸丰帝和第八帝同治帝）、十五位皇后、一百三十六位妃嫔、一位皇子，共一百五十七人。其中有清初辅佐过两代幼主的女政治家孝庄文皇后，有垂帘听政统治中国长达四十八年之久的慈禧，还有民间传说迷离千古的香妃（容妃）等。

清孝陵石像生群及影壁山金星山

整个陵园以燕山余脉昌瑞山为界，为了贯通风水地脉，营建孝陵时，拆除了昌瑞山山顶上的长城。经过大清王朝封建统治者二百多年的营建，清东陵规模宏大的建筑群形成了。

民国二年（1913），清朝的遗老、诗人陈诒重曾在诗文中大赞清东陵陵园景色：景色迷人，河流环绕，群山翠绿，松柏殿宇，红墙黄瓦，乍隐乍现，石人石兽，碧绿之中。好风徐来，清香满袖，清肃之气，祛人烦劳。

古代相度兆域，讲求前有照山，近有案山，后有靠山。清东陵陵园北起雾灵山，南达天台山，总面积达到两千五百平方公里。雾灵山是清东陵的太祖山，是"后龙之正脉，风水之大源"。其山脉逶迤南伸，至昌瑞山而止。整个陵园以昌瑞山为界，山南为陵寝重地，称为"前圈"，山北为风水禁区，称为"后龙"。后龙之内，群山卓立，万岭奔腾，密林覆盖，人迹罕见，是陵寝的控制保护区。前圈四面环山，中间是四十八平方公里的平坦之地，诸陵寝均建在前圈之内。陵园东面的雁飞岭诸峰，千岩错落，文笔插天，势尽西朝，俨然左辅；陵园西面，黄花山、钻天峰众山层叠飞翠，叠峦腾辉。象山、万福山横亘于陵园正南。位于雾灵山和昌瑞山之间的分水岭是来龙的脊背，众水东西夹流，左盘右绕，最后汇合于陵园之南的龙虎峪，这万山拱卫、众水朝宗之势，加重了皇陵的神秘色彩和皇权神授的气氛，与庄严肃穆的皇家陵园保持了高度的和谐与统一。清东陵的靠山是昌瑞山，为燕山余脉，东西走向。中间主峰高耸，两侧山峰逐次低下，宛然一道天然屏风。清东陵的孝陵朝山是金星山，位于陵园之南，此山拔地而起，山形如倒扣的金钟，与昌瑞山主峰遥遥相对。在金星山北

清东陵孝陵朝山金星山

有一座小山，似玉案前横，此为案山，当地人称之为影壁山。金星山、影壁山、昌瑞山恰好位于一条直线上，就好像上天按照人意特地安排的一样，真是景物天成，浑然一体。

《清朝文献通考》中对于清东陵的风水也大为称赞，并称它是大清江山的万年福地。

封建帝王认为，在上吉之地建陵，便可以"开福祉于隆基，绵万年之景运"，故有"圣天子孝先天下，首重山陵"之说，既然清东陵有着如此好的风水，大清王朝祖宗墓地建在了清东陵这块上吉之地，就是可以保障大清皇族子孙繁衍、帝国强盛不衰，大清王朝也因此注定成为天空中永不落的太阳。在这样的万年吉地庇佑下，大清王朝的帝王、皇孙们生前享受着人间荣华富贵，死后也要住在豪华陵寝，并且还将生前拥有的大量奇珍异宝葬入地宫，以供他们在另一个世界继续享用。为了他们在阴间的安宁，为了地下珍宝的安全，更为了祖宗万代江山社稷的永远长存，因此，陵寝的安危在他们心目中就占据着十分重要的地位。

清东陵全图（据清康熙年间郑侨生修《遵化州志》描摹）

为了保护皇陵，大清皇帝派出了最亲信最精锐的八旗兵进驻各陵，直接加入到保卫皇陵的安全序列，并为此制定和执行最为严格的安全保护制度。

生者保护死者

乾隆帝朝服像

清朝皇帝历来十分重视皇家陵园的安全，因此，在政治、财政、军事、人事等方面都采取了重要的措施。

康熙十五年（1676），御史程文彝以"陵寝重地"为由，奏请将遵化县升格为遵化州。康熙帝允奏，当年十一月十九日遵化县升格为遵化州，辖丰润一县。

乾隆八年（1743），直隶总督高斌上书乾隆帝，建议将遵化地位提升为直隶州，扩大管理权限。乾隆帝准奏，于是，遵化州又升为直隶州，辖丰润、玉田二县。遵化的行政地位随着陵寝的建立、增加而逐步上升的同时，其军事地位及其护陵的军事长官的身份，也随之提高了。

八旗兵铠甲

正黄旗军旗

镶黄旗军旗

正白旗军旗

镶白旗军旗

正红旗军旗

镶红旗军旗

正蓝旗军旗

镶蓝旗军旗

八旗军旗

　　马兰关位于陵园东侧，是长城隘口，历来为兵家必争之地。明朝，马兰关设副将镇守。清顺治年间，马兰关由马兰峪的都司管辖。康熙二年（1663），因昌瑞山一带被划为皇家陵园，营建了孝陵，马兰关设副将镇守，专门负责陵园的安全防护。雍正元年（1723）康熙帝入葬景陵，改马兰关副将为总兵。康熙、雍正年间，马兰关的副将、总兵大都是八旗汉军人。自乾隆元年（1736）以后，马兰关总兵之职大都改由满洲八旗人充任，护陵长官的级别和身份越来越高。

　　驻守在清东陵的国家军队分八旗兵和绿营，看守清东陵的兵力是随着陵寝数量的增加而增加的。

　　八旗兵主要负责各个陵寝的防护。各陵寝墙外的更道是八旗官兵巡逻行走的路线，宫门外的东西值班房则是八旗兵的住所。平时除值班者外，八旗兵都驻在陵园之外的南新城和五个营房，到光绪中期，驻扎在东陵的八旗兵总兵力达到一千一百多人。

　　马兰镇绿营是专门保护陵园安全而单独设立的军队。马兰镇绿营的建制为镇，一镇的最高军事长官为总兵官，也称总兵。清朝绿营建制单位分别是汛、营、协、镇。一汛之长是把总或千总；一营之长为副将；一镇之长为总兵官，也称总兵。凡汛、营、协、镇都冠以住所的地名，如石门汛、三屯协、天津镇等。驻守在马兰关的绿营兵为一镇，所以称马兰镇（这里的"镇"与乡镇的"镇"含义完全不同）。光绪九年（1883），马兰镇绿营八个营共有大小官弁一百八十六员、兵丁两千九百七十一名，陵园内外有大小拨汛三百四十多个（遵、蓟二营未计算在内）。另外还配备了数量可观的武器装备。其中刀类有六种，共两千四百一十六把，鸟枪类六种，共一千五百二十九支；箭类三种，共四万七千三百五十九支；炮类二十四种，共七百五十八门。此外，还有大量的衣甲、旗号等。

马兰关官房东大门

马兰镇总兵衙门二堂

由于马兰镇绿营是专门防护陵园安全的军队，具有特殊性，因此不能像其他绿营军队那样集中训练。为了训练这些军队官兵，在马兰关建有教场和演武厅。教场也叫教军场，位于马兰关栅楼的东南。教场是绿营官兵教学武艺、演练阵法、派兵点将的场所。

道光十一年（1831），东陵守护大臣有麟、溥喜和马兰镇总兵钟昌奏请，在东陵设立马步骑射公所，从八旗中的章京、骁骑校中挑选技艺娴熟者充当教官，每月轮流教习各陵八旗甲兵，要求严格，使他们具备上马能战、下马能守的良好素质和战斗能力。

为了加强陵园的防护，马兰镇历任总兵处心积虑，制定了一系列巡逻方法。

乾隆初年，马兰镇总兵布兰泰首创签牌挨拨传递法，即传筹法，这种方法以抽签发牌的方式，使兵丁一组一组地被轮番派出，周而复始，永无休止地巡逻陵园。

清朝皇帝为了保护陵寝的安全，吸取了历朝历代护陵经验，在陵园周围开割了火道，竖立了红、白、青三道界桩，界桩外二十里是官山，并在前圈东、南、西三面筑起了风水围墙，陵园的围墙又称风水墙，意在保护陵园风水。

顺治帝的孝陵完工之后，陵园的风水墙也开始建设，并且粗具规模，以后历朝不断完善。风水墙高九尺四寸、厚二尺八寸，大部分为城砖灰砌灌浆。在山区地段，为山石垒砌。风水墙总长约四十里。前圈东侧的风水墙北起马兰关西城根，与长城相接。往南依次经过二洞、九洞、水洞、府君山，到马兰峪西关外，留有一门，称东门口（马兰峪人称西口门）。此门是八旗官兵和陵上当差供职的官员、差役

清东陵风水墙遗址

出入的门户，后来因此门过大，有碍风水龙脉，改筑为小门，禁止车辆出入。由此门往南一里左右是旧吉祥口。在清朝，陵园内是不准死人的。在陵上当差的八旗兵丁和各官员、差役一旦得了重病，发现难以治愈，立即将病人从吉祥口抬出陵园。本来病人就病势垂危，加上这一折腾，十之八九都要死掉，所以人们都把吉祥口叫作鬼门关。风水墙由旧吉祥口折而向东，达龙王庙，转向南，跨过六道河，过四里余，即是新东门口，稍南是新吉祥口。因为开了新吉祥口，所以将旧吉祥口堵塞。风水墙从昭西陵后面过去，再向西就是陵园的正门——大红门。再向西为新开口、西便门。至西山脚下折向北，由杏花山抵黄花山。杏花山和黄花山之间是苇子峪。此处风水墙筑门一座，当地人称此门为小红门。出此门向西可达端慧皇太子园寝、十二贝勒园寝和六座王爷园寝。风水墙至陵园西侧的黄花山南侧半山腰止。陵园东侧的风水墙有十二处水关，西侧的风水墙有十处水关。所有各门口，均有兵丁把守。

在清东陵，由于大部分的主体建筑都是木质结构，因此防火也是保护陵寝的主要内容之一。开辟出远离火源与建筑物之间的人为隔离带则是防火措施之一。在陵园之内，特别是后龙，到处是茂密的树林、丛生的杂草、堆积的枝叶，极易发生火灾。为了防止陵园外界的火延烧到陵园之内，康熙二年（1663）在后龙的东西北三面开割出一条宽三十丈、长四十二里的火道。当时后龙的面积还比较小。火道由后龙正北的分水岭处分为两条：一条斜向东南，至鲇鱼关北的鹰窝沟止，长四十一点五里；另一条从分水岭斜向西南，至昌瑞山西侧的关门子止，长四十二点五里。在火道之内，一切树木、杂草都要割除干净。从白露节开始，马兰关的绿营派出二百名官兵，由千总、把总各两员带领，督率割除，每年割除一次，成为定制。

雍正元年（1723）、雍正十三年（1735）、乾隆元年（1736），先后经马兰关总兵范时绎、吴正、永常奏请，将后龙范围向北扩展到雾灵山，与滦平、承德二县相连接。将原有古北口副将所管的曹家路、黑峪关、吉家营等处归并马兰关总兵管辖。后龙西面扩展到密云县的杨家堡、墙子路一带。乾隆元年（1736）开始，从陵园东侧的灵窝沟起，向北沿大洼、老厂沟、窄道子；向西沿板谷岭、黑峪关、曹家路、吉家营；然后折向南，沿杨家堡、墙子路、镇罗关、将军关、黄崖关、青山岭一带开割火道一条，宽二十丈、长三百二十里。这条火道称"外火道"，那条长八十四里的火道则称"内火道"。同时，火道

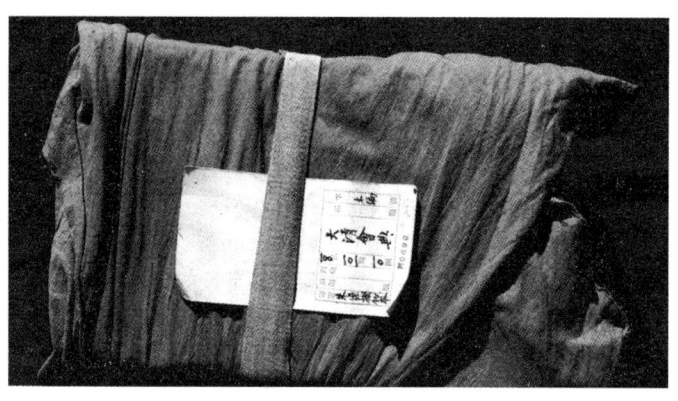

《钦定大清会典》包袱

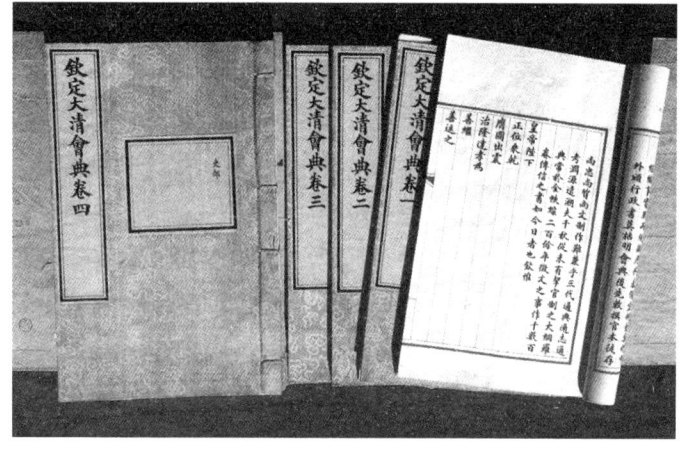

《钦定大清会典》书影

也是陵园边界的标志之一。

为了确实有效保护皇陵的安全，清朝还颁布了一系列的法令和规定，并写进了《大清律》《大清律例增修统纂集成》中：

车马过陵者及守陵官民入陵者，百步外下马。违者以大不敬论，杖一百。

凡山前山后各有禁限。如红桩以内盗砍树株，取土取石，开窑烧造，放火烧山者，比照盗大祀神御物律斩，奏请定夺。为从者发近边充军。若红桩以外，官山界限以内，除采樵枝叶仍照旧例，毋庸禁止，并民间修理房茔，取土刨坑不及丈余，取用山上浮石，长不及丈及砍取自种私树者，一概不禁外，其有盗砍官树，开山采石，掘地成壕，开窑烧造，放火烧山，在红桩以外，白桩以内者，即照红桩以内减一等，为首者，发近边充军；从犯，杖一百，徒三年。如在白桩以外，青桩以内者，为首杖一百，徒三年；从犯减一等，杖九十，徒二年半。如在青桩以外，官山以内者，为首杖九十，徒二年半；从犯减一等，杖八十，徒二年。计赃重于徒罪者，各加一等。官山界址在二十里以外，即以二十里为限。若在二十里以内，即以官山所止之处为限。

禁山前后，盗枯树枝、土石者，应仍照本律。若于禁限外盗者，仍以盗山野柴草木石论。

私入红桩火道以内，偷打牲畜，为首，于附近犯事地方枷号两个月，满日改发极边烟瘴充军；为从，枷号一个月，杖一百，徒三年。其因起意在内偷牲遗失火种，以致延烧草木者，为首，于附近犯事地方枷号两个月，满日发新疆酌拨种地当差；为从，枷号一个月，杖一百，徒三年。

如延烧殿宇墙垣，为首，拟绞监候；为从，杖一百，流三千里。

凡旗民人等，在红桩以内，偷挖人参至五十两以上者，为首，比照大祀神御物律斩，奏请定夺；为从，发新疆给兵丁为奴。二十两以上者，为首，发新疆给兵丁为奴；为从，杖一百，流三千里。十两以上者，为首，实发云贵两广烟瘴地方充军；为从，杖一百，徒三年。

在红桩以外，白桩以内偷挖人参五十两以上者，为首，拟绞监候；为从，发近边充军。二十两以上者，为首，实发云贵两广烟瘴充军；为从，杖一百，流二千里。十两以上者，为首，发近边充军。十两以下，为首，杖一百，流三千里；为从，俱杖一百，徒三年。

在白桩以外，青桩以内偷挖者，各于已得例上减一等。知情贩卖者，减私挖罪一等；不知者不坐。

弁兵受贿、故纵本犯，罪应军徒者，与囚同罪。赃重者，计减以枉法，从重论。本犯罪应斩决者，将该弁兵等拟以绞决。其未经得贿，潜通消息，致犯逃避，本犯罪应军徒者，亦与囚同罪；本犯罪应斩决者，将该弁兵等减发极边烟瘴充军。仅止疏与防范者，兵丁杖一百，官弁交部议处。

树株关系山陵荫护，盗砍与取土、取石、开窑、放火者，俱于山陵有伤，亦大不敬也。不论监守常人，为首斩，为从者充军。

景陵兵部关防印

景陵兵部关防印文

嘉庆十二年（1807），大学士、军机大臣庆桂、董诰，户部尚书、军机大臣戴衢亨，户部左侍郎、军机大臣托津等拟定了一个缉捕陵园盗犯的奖赏章程。其中规定：潜入陵园界内的盗犯，在伤损树株之前就被拿获，如果是被本汛官弁拿获首犯，给本官弁记录二次；拿获伙犯一二名，记录一次，拿获三名以上者，记录二次。如被本汛兵丁拿获首犯，赏银八两，帮同拿获者，减半赏给。如果是在树株被盗砍后将盗犯拿获，可以将功抵罪，免其察议。

清朝不仅对平民百姓严加防范，一有触犯，就严加治罪。就是长期驻守在陵园、专司保护陵园安全的绿营官兵，一旦他们做出被认为是有碍陵园风水、违反禁令的事来，也决不宽恕，严惩不贷。

即使有这样严格的保护措施，清东陵的社会治安因受当时社会的影响，陵寝物品的丢失、树木的砍伐和发生火灾的小事故还是时有发生。乾隆四十三年（1778）八月十七日，绿营兵丁陶文启、张宗信奉命在后龙苇塘沟守夜，因夜寒天冷，烤火取暖御寒时，不慎引起火灾。虽然只是燃烧掉了一片荒草，并未烧毁树株，但把总李文瑞还是畏罪自刎身亡，都司欧陛诏被革职，张宗信畏罪潜逃。此案经刑部审理，决定将陶、张二犯从重处理，发往伊犁给厄鲁特为奴。

道光六年（1826），外委崔思通嘱令兵丁招引外人偷入红桩以内打猎，从中获得猎物。此事被上司查出后，将崔思通发往新疆充当苦差。

不仅如此，就是作为皇室代表长期驻守东陵的守护大臣以及保护东陵安全的最高军事长官马兰镇总兵这样的朝廷大员，一旦有犯禁行为，朝廷也不轻饶。乾隆四十二年（1777）二月，总兵满斗将景陵后宝山上的一段石墙拆掉，以便往来行走，又将头道沟、二道沟一带的树株砍伐八百四十棵，后被人控告，满斗被革职，交刑部审讯，定为斩监候，秋后处斩。后来乾隆帝开恩，免满斗一死，降为章京。当时的东陵守护大臣是贝子允祁，他是乾隆帝的叔父、康熙帝的儿子，因未能及时发现满斗的违禁行为，发现后也未能立即参劾，以失察罪，送交宗人府严加议处，被降为镇国公。嘉庆十一年（1806）正月，因陵园树株被盗，马兰镇总兵丰绅济伦被革职。新接任的总兵巴宁阿刚上任四个月，因木门沟树株又被盗砍，巴宁阿不仅被革职，还被发往吉林充当苦差。道光元年（1821）六月，因兵丁刀砍陵园内树株，马兰镇总兵庆惠被降为内务府主事。就是在清朝灭亡十一年以后的1922年，因孝陵大碑楼附近有三棵回干树、三棵柏树、四棵小柏树被盗砍，东陵守护大臣、奉恩辅国公溥钊因失察罪，被罚俸三年。内务府郎中麟昭、员外郎训艺被罚俸一年。

即使有这样严密的管理和保护，在政治环境和社会环境中，清东陵依然难以逃脱命运对它的安排。

"铁饭碗"变成要饭碗

帝王陵寝既为皇帝"亿万年安宅"的住处，事关国运盛衰，除了有严格的保护措施，还应有封建帝王信得过的人来看守并执行日常的维护和守候。清王朝也不例外，大清皇室的八旗子弟则是清朝皇帝最为信任的皇家守陵人，因此，他们生活享受着在当时非常优越的待遇，花钱有俸银，吃饭领俸米，居住有公房。看守皇陵这个职业在当时是"铁杆庄稼""铁饭碗"。由于这些人职业的特殊性，所以需要他们终年守护在或帝王或皇后或妃嫔的坟墓周围，为死人服务，常年兢兢业业、尽忠职守地工作，以此维系着大清皇室中死人与活人之间的联系。因此，大多数看守皇陵的人都是带着全家人的，其家庭便成为祖辈相传的守陵世家，世世代代繁衍生息，他们的生活起居与皇陵间的关系，充分体现出皇权在地上与地下均发挥着无与伦比的效力，这种效力明确地告诉人们；生者和死者与这块土地密不可分。由于他们的职业就是为了皇家祭祀活动和保护皇陵，因此，他们的生活是一种有组织有纪律的活动。而对于这些守陵人的后人来说，他们的就业途径有六种：世袭、承袭、贡生、考生、顶缺、补缺。

世袭：在守陵的官员中，有的享有世袭爵位，其职务称世职。世职爵位在一般情况下只能由其长子继承，不分贤愚，如年幼或痴傻，只领虚衔，空食俸禄；如才德俱优，并不限于世袭职务，还可以重用升迁。

承袭：八旗的下级官员，因年老告休后，其原官职可由子孙继任，但也有条件，"守护陵寝防御（五品带班官员，又称章京）缺出，其出缺之人，在陵寝守过三世且年逾80年的，在其子孙中选一人承袭"。

贡生：是从学行俱优的学生和功勋子弟中举荐的。

考生：经过考试录取的。凡守陵各系统员役的子弟，都有资格参加本系统的考试。"文官以满汉文学程度考试，录取以笔帖式记名"，再逐步依次递补升级。"武职以马步箭技艺比赛，以白丁出身考披甲（八旗兵）"递考升阶。

这四种途径就业的子弟是选拔官员的主要对象。

从光绪朝开始，朝廷允许花钱买官，叫"捐班"，但不能任主要官职。

顶缺：当兵当差之人因年老告休，其子弟可以顶缺，似现在的"顶班、接班"。每份空缺只能由长子继承，长子如不能称职，则以兄弟次序选拔。

补缺：随着陵寝的增多，守陵所需要的人也就不断扩大，因弟兄多，不能顶缺的当差人的子弟，还可待本系统职差出现空缺时补上。不能顶缺又考不上的旗人称"苏拉杆"（汉语是没有职业的意思），则不能补缺，只能下期再考。

凡为"苏拉杆"的可以申请家口银米，靠纯寄生性的俸禄为生。嘉庆四年（1799）开始，朝廷对文职六品以上官员特恩给予双俸。在不同系统之间，俸禄的标准也不一样，例如，八旗兵每人年领饷银

马兰峪东府大殿（东陵守护大臣办公驻地）

马兰峪东府南院正房（东陵守护大臣办公驻地）

三十六两，减半粟米（另一半折价给银）十一石八斗，米折银十三两；绿营兵年领饷银二十四两，米四石八斗，银米等均不足旗人全额的一半。

雍正七年（1729），雍正帝拨给守陵大臣赏银两万两，让用这笔银子或买地，或开当铺，用获得的利息给守陵人发福利，比如说守陵人的红白喜事，或者子女上学所用。守护陵寝的王公大臣用此项银两开设当铺一座，称"永济当"。又先后从遵化、三河、丰润、玉田等州县共买地七百二十三顷八十一亩九分，再将这些地出租收利。每年共收当铺和出租地所得利润银一万零六百七十八两，存入设在南新城的永济库内，作为陵寝员役的福利基金。开始享受福利待遇的只是八旗、内务府、礼部人。家里遇有婚丧嫁娶之事，可以报请红白赏银。赏银的数量根据官阶、职务和红白事由而定。等级最高的：红事赏银十两，白事赏银二十两。最低的：红事赏银二两，白事赏银四两。如娶嫁，本人不当差，可以其父名义请领。

到雍正八年（1730），雍正帝又赏给马兰镇绿营银子五千两，用以开设当铺和粮铺，做本生息，以作为赏给兵丁红白事之资。绿营内赏银不分等级，全按红事二两、白事四两赏给。

乾隆八年（1743），又在马兰峪、南新城设立八旗官学三处。嘉庆二十三年（1818）至光绪年间，在东陵共为八旗、内务府、礼部设立官学十一处。另于马兰峪设立"兰阳书院"一处。以高薪聘请饱学儒士担任各校"山长"（校长）和塾师。儿童上学，每月给衣食补助，称为"膏火费"。按考试成绩好坏还分别给予奖赏。一切官学费用均从"永济库"支付。绿营办学较晚，学习条件也差。道光十一年（1831），马兰镇总兵钟昌捐银二百两，交给遵化州发商生息，以作塾师束脩之用，创办义学一所。

守陵人的生活由于有保障，吃的俸米，花的是俸银，住的是公房，上学有义学，平时还有红白事补贴，因此被称为"铁杆庄稼"。

虽然守陵人享受优厚的俸禄和待遇，然而他们的大多数家庭并不富裕。而且同样是守陵人，也会因为岗位分工不同而分出贫富来。于是当地流传着这样一首谚语："穷八旗，富内府，不穷不富是礼部，绿营不好也不坏，挨打受骂是树户。"

那时候的人都有着严重的封建腐朽生活观念，难免这些人滋生了依靠大清政府给的"铁饭碗"而不求进取的赖饷而食的心理，于是就产生了这样的生活困境：常常是上半年未满，而下半年的俸饷早已预支花光，刚领出饷米就卖与米商，银两用光，而米价又涨。何况由于他们特殊的身份，当时的朝廷不允许他们经商、耕地，身无一技之长的他们生活很是困难。但他们八旗子弟的架子依旧很大，至今在当地人中还流传着陵上沈家父女之间的一件事：

父亲催促女儿起床说："鸟喳喳了，日红了，奴儿娃，快起床上街给阿玛买碗羊汤去！"

女儿在被窝里回答道："我还没睡回笼觉儿呢，还是您自个儿去吧！"

"真是翅膀硬了，调遣不动你了！好哩，我就自个儿去！"

这位沈家大人身穿棉大褂儿，敞着怀，脚上趿拉着木板鞋，"嚓嚓"地来到横街子上羊汤馆跟前儿说："掌柜的，给我来仨子儿羊汤。先说下，多盛干货，别弄那么多汤哇！"

当有人给他闺女提亲时，他又趾高气扬地说："哎哟，敢情是种地的，那可不成，成天顶着一脑袋高粱花，满身臭气的，竟跟土坷垃打交道，连门儿都没有！"

从咸丰年开始，守陵人的陵寝俸饷只实发70%的俸银，其余的30%发给钞票。由于钞票经常不能兑换货物，发到手里的钞票大部分变成废纸。咸丰六年（1856），俸银只能发一半。咸丰七年（1857）八月，在东陵发生了八旗披甲文惠等人闯入衙署闹饷的事件，迫使朝廷采取了一些变通饷项的措施，如银九票一、银八票二等。到了同治二年（1863），改为发放80%的银两，不再搭配钞票。随着守陵人的

咸丰帝朝服像

生活状况日显困境，东陵守护大臣载华在给皇帝的奏折中写道："当差苦累，亦属实在情形……米价日增，银价低减，非但兵役不敷养赡，即官员亦形艰窘。"这一奏折真实反映了当时守陵人的生活概况，并且一直延续了同治、光绪、宣统三个朝代的五十多年。

让守陵人没有想到的是，有一天他们会断了皇粮，"铁杆庄稼"也会没有了收成的日子，将带给他们怎么样的命运。

清逊帝溥仪

宣统三年（1911），宣统帝溥仪逊位后，按照清皇室与民国政府达成的《关于大清皇帝辞位之后优待之条件》第四条规定：大清皇帝辞位后，其宗庙、陵寝，永远奉祀，由中华民国酌设卫兵，妥慎保护。还有《关于满、蒙、回、藏各族待遇条件》第五条规定：八旗人的生活，在未安排前仍由国家开支。这两项规定，保障了清皇陵和看守皇陵人员的待遇，但在实际操作中，由于民国政府承诺给清皇室的经费不能全额兑现，而且越来越少，虽然分配给守陵人不少的土地以维持其生活，但由于守陵人长期的寄生生活方式，根本不懂得耕种和经营，土地不是被贱卖就是被荒弃着，他们又无手艺和特长，守陵人的生活开始出现缺吃少穿的局面。

虽然在1915年经东陵守护大臣载泽奏请，开始在东陵风水后龙地区开垦荒地。但是在1924年11月，冯玉祥将已逊位的溥仪赶出紫禁城之后，此时的清东陵管理机构已经是名存实亡了。从此，守陵人就彻底断了俸饷。由于看守皇陵旗人的铁饭碗没有了，其原先固定的生活方式被彻底打乱了，"铁饭碗"在这时候最终也变成了过去，成为历史——没有了生活保障的守陵人，彻底陷入水深火热的生活中。由于介于农民与官家之间，于是他们的生活开始渐渐与看守着的皇陵失去了保护的关系，此时虽然靠变卖家产过日子，生活穷得叮当响，但老爷的架子还是十足：依旧顶着花翎帽，穿着补子衣，迈着四方步，哼着小曲招摇过市……当生活最终面临着冻死饿死的时候，此时一些人开始打起皇陵的算盘来：东陵地区地面上有数百万株的树株、有各陵寝建筑和祭祀用的器皿，还有大量无价的地下随葬珍宝。

1925年，直、奉军阀先后进驻东陵，对东陵的树木大肆砍伐变卖充饷。旗人中有翼长恩华等人联络马兰镇总兵，不经当时的守护大臣毓彭、溥多的同意，开始在陵寝前圈设立木植局，并大张布告拍卖树株。

1925 年 6 月，河北直隶公署的一份公函提到清东陵的现状：自去岁政变，彭、多两守护及前汪总兵均行移住京津。东陵一切事务无人管理。竟致林木被人盗伐殆尽，荒地擅行私垦，种种废弛不胜枚举。

对此，守护大臣毓彭、溥多只能向民国政府控告民国一军第九师："稍有人心者，当无不太息流涕也。毓彭、溥多分属宗支，职司守护，既无禁止之力，又无呼吁之门，疾首痛心，难安寝馈，用是涕泣陈请执政府，赐主持公道，实行保护。"

这一悲哀控诉，虽然丝毫不起任何作用，却真实地反映了当时的守护大臣徒具虚名而无有实权的状况。没有生活出路的守陵人，只有靠典卖府中的家产和陵寝的物品维生了。但就是这样的生活，也都无法维持。东北奉军驻扎在东陵地区期间，终日"打白面（不给军人白面吃就打你）、骂粳米（不给粳米就骂你），不打不骂逗妇女"。东陵人的生活更是雪上加霜。

据有关资料显示：1949 年前的东陵一带，原有满族人三万多，到新中国成立时，由于冻饿、卖儿卖女和外迁等各种原因，人口竟减少到不足一万人。特别在日伪统治时期，东陵一带的人们又陷入殖民地的深渊，遭到日本军队肆意践踏，百般蹂躏，广大满族人苦不堪言。

人的生命是最珍贵的。因此，在生命无法受到保护的前提下，清东陵的安全也就没有人顾及了，更有甚者，为了生存，原先守护东陵的许多人，内外勾结，大肆盗窃陵寝的物品。而此时的东陵地区也因为中国政局的变换、官员的更迭，各路军阀的大打出手，加上当地人生活水平的无法保障，兵、匪、民的混合群体在东陵地区的游荡，清东陵各陵寝地下珍宝被盗已经成为必然的了。

第二章 康熙帝与两个传奇女人

俗话说"一个篱笆三个桩",康熙帝能当上皇帝真是各种要素综合交织的结果。但不管怎么说,都和孝庄文皇后及其侍女紧密相关。

因天花当上了皇帝

康熙帝之所以能当上皇帝，在一定意义上说，天花这种传染病帮了他的大忙，免疫天花是他当皇帝的基础。

清初，在人们心中最恐惧的不是饥饿，而是一种传染病——天花，民间甚至有俗语说："生了孩子只一半，出了天花才算全。"

天花，中医称"痘疮"。因病毒可引起人高烧、浑身乏力、恶心呕吐和严重皮疹，这种病的死亡率很高，一般可达25％，有时甚至高达40％，即使侥幸生还者，也会在脸上留下永久性的疤痕或导致失明。可怕的是这种病是一种烈性传染病，以一传十、十传百的速度发展，在短时间内就能造成大量人员死亡或对身体健康造成巨大危害。而当时人们对于这种病的认知很少，对此的方法只能采取预防和隔离手段。

　　清政府为了应付天花对人的威胁，在人口户籍管理上实行了一种特殊的身份管理办法，将居民分为"熟身"与"生身"。"熟身"是指出过天花或者经历过天花的人；"生身"则是指没有出过天花或者怀疑有可能携带天花病源的人。并严格规定：一旦发生病疫预报，"生身"皆不准留在城中。致使当时一些有感冒发烧、风疹疥疮等症状的那些与天花相似的患者，也被一刀切地迁出城外。"贫苦小民移居城外，无居无食，遂将弱子稚女，抛弃道旁。"

　　蒙古各部落当时被清朝视为最可依赖的力量。

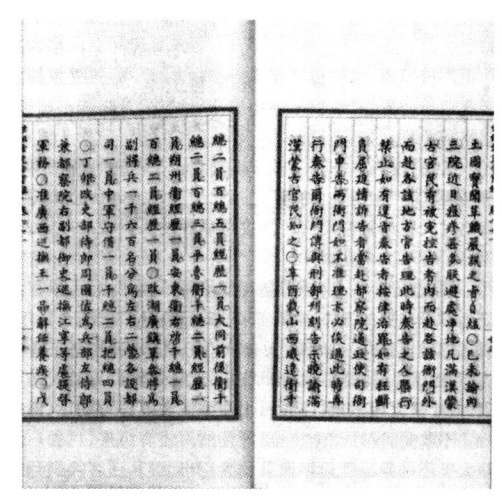

《清实录》中记载顺治八年（1651）十二月避痘停朝上谕

　　清初，和睦蒙古是清廷不可动摇的基本国策。清太宗皇太极规定：每年蒙古各部落首领都要入朝觐见皇帝。即使在天花流行时期，皇太极也坚持执行。但因为顺治帝畏惧天花病的传染，竟然破坏祖制，不再接见"生身"身份的蒙古王公，因此从亲政的第八个年头起，连续六年不接见前来朝见的蒙古王公。后来又规定没有出痘的蒙古王公不许入京觐见皇上。康熙初年，这个问题也没有得到很好的解决。当时康熙帝对于元旦来朝的一些外藩蒙古首领们自称已出过痘一事表示担忧。康熙十年（1671）十二月二十七日，降谕理藩院：凡是来朝外藩王等人，虽都称已经出痘，但是我还是有些担忧。他们所说的，我是信还是不信呢？康熙帝这么担心天花，是有原因的。

顺治十一年（1654）三月十八日，康熙帝刚出生，当时正值京城天花大流行。年幼的康熙帝不得不由乳母抱出紫禁城，栖身于西华门外的一座宅邸（雍正时改为福佑寺）中"避痘"，长期得不到父母之爱。尽管如此，两岁那年，康熙帝还是患上了天花，在乳母、正白旗汉军包衣曹玺之妻孙氏的悉心照料下，硬是从天花的魔掌中挣脱出来，但脸上却留下了与痘魔殊死搏斗的点点痕迹。对此，康熙帝在《圣祖庭训格言》中说：我年幼的时候，因为没有出过痘，被保姆抱

康熙十七年（1678）《起居注》中记载皇太子出痘痊愈

出皇宫生活，因此未能在父母身边得到应有的恩爱，六十余年来一直为此感到遗憾。躲过天花之劫，幼小的康熙帝才进入紫禁城，但天花的阴影一刻也没离去，灰色的"避痘"岁月，像是一场噩梦，时刻影响着康熙帝。由于天花连年暴发，深宫中也常常一夕三惊。如果宫中有人得了天花，父皇等就会出宫"避痘"。如果城中有天花病人，四周就得用绳子围起来，谁也不准随便进出。

顺治十八年（1661）正月，不幸的事情还是发生在了顺治帝身上，顺治帝得了天花，由于得病突然，顺治帝在思想上没有考虑谁为他的接班人，但到临死前，他不得不考虑皇位的继承问题，长期以来顺治帝一直看好次子福全，想立其为皇太子，顺治帝的母亲孝庄文皇后却更倾向于立皇三子玄烨。双方意见相持不下，只好求助于第三者的仲裁。这个第三者，则是在宫中当差的德国传教士汤若望。

汤若望，原名约翰·亚当·沙尔·冯·贝尔（Johann Adam Schall von Bell），明末来华耶稣会传教士。1592年5月1日，汤若望生于德国莱茵河畔科隆城的一个贵族家庭，从小就读于闻名的三

汤若望像

汤若望与顺治帝

王冕贵族中学。由于学习成绩突出，毕业后被保送到罗马的日耳曼学院。1611年入耶稣会，开始其终身侍奉主的生涯。1619年7月来到中国澳门，1623年在明朝政府供职，1651年进入清宫与顺治帝建立了良好的感情。他与顺治帝及孝庄文皇后之间长期保持着某种亲密关系，顺治帝曾尊称他为"玛法"，满语"爷爷"，顺治帝曾经这样评价说："玛法为人无人能比。别的人并不是爱我，只是为了利禄而当官，所以常来求赏赐。他却表示对恩宠已满足，这真是不爱利禄爱君主啊！"

由于汤若望在顺治帝心中占有特殊的地位，在汤若望的劝说和孝庄文皇后的努力下，顺治帝最终作出决定：皇三子玄烨继承皇位。其理由既简单又充分：玄烨已出过天花，对这种可怕的疾病具有终身的免疫力。

顺治帝驾崩后，年仅八岁的玄烨顺利登上了皇帝宝座，建立了康熙王朝，并成为清朝功绩赫赫的一代名君，被后人冠以"一代英主"和"康熙大帝"的尊敬称号，对中国历史和世界文明的发展做出了重要贡献。

　　康熙帝是我国历史上著名的政治家、思想家、军事家，不仅如此，康熙帝还是一个鲜为人知的"政治婚姻"者。这是他的祖母为了让他掌握大清国的皇权设计的，这就不得不令人想起这句话，每位成功皇帝的背后，都会有默默的支持者和帮助者，康熙帝幕后的这位呕心沥血的靠山就是他十分敬仰的祖母孝庄文皇后。

她是来自科尔沁草原的皇后

康熙帝能有一系列的丰功伟业就不能不提到清初这位著名的女政治家——孝庄文皇后。孝庄文皇后不仅把康熙帝扶上了皇帝的宝座，还在他亲政和执政中做出了不可估量的贡献。孝庄文皇后是她谥号的简称，全称为"孝庄仁宣诚宪恭懿至德纯徽翊天启圣文皇后"。其中"文"是太宗皇太极的庙谥。在清朝，皇后的谥号往往加上皇帝的庙谥，叫系谥。因为皇太极的谥号为"应天兴国弘德彰武宽温仁圣睿孝敬敏昭定隆道显功文皇帝"，简称"文皇帝"。这样就很容易知道"孝庄文皇后"是清太宗皇太极的皇后。

孝庄文皇后是康熙帝的祖母，满族人管祖母叫玛玛，即汉族人说的奶奶。孝庄文皇后，名本布泰（或译为布木布泰），博尔济吉特氏，蒙古族，生于明万历四十一年（1613）二月初八日，她是蒙古科尔沁

年轻时的孝庄文皇后像

大草原贝勒寨桑的第二个女儿。孝庄文皇后十三岁的时候，她的祖父莽古思为了加强与后金的政治联盟，维护自己部落的利益，决定将自己的孙女本布泰嫁给皇太极。

皇太极像

天命十年（1625）二月初二日，十三岁的本布泰带着她的贴身侍女苏麻喇姑，在兄长吴克善的护送下，在后金新都辽阳与三十四岁的皇太极完婚，正式成为皇太极的一名侧福晋。崇德元年（1636），皇太极称帝后，完善了后妃制度，并建五宫，即清宁宫、关雎宫、麟趾宫、衍庆宫、永福宫。其中，大福晋哲哲为

洪承畴画像

清宁宫中宫皇后；海兰珠位列第二，为关雎宫宸妃；第三位麟趾宫贵妃那木钟，为蒙古阿霸垓郡王额齐格诺颜之女；第四位衍庆宫淑妃巴特马·璪，原是蒙古察哈尔林丹汗的窦土门福金（晋）；本布泰名列第五，被封为永福宫庄妃。由此看出，孝庄文皇后当初无论在政治上还是在后宫中，她的地位都不高，甚至说她都无崭露头角的可能，然而历史上有她的一席之地。她利用自己的聪明才智，最终站在了中国历史的政治舞台，大清国在她的参政下，开始强大并成熟了起来。

崇德七年（1642）三月，清军俘获明朝蓟辽总督洪承畴，皇太极大喜。洪承畴是明朝很有影响的封疆大员，收服他对于收揽汉族知识分子之心、瓦解明朝统治具有非常重大的意义。皇太极下令把洪承畴押到盛京，派汉臣范文程等轮番劝说，洪承畴"延颈承刀，始终不屈"，为此皇太极颇费脑筋。传说孝庄文皇后看到这种状况，毛遂自荐，亲自去劝说。她扮作一个侍女，身上藏了一壶人参汁，来到洪承畴的居处，温颜婉语，"以壶承其唇"，一口一口给他灌下人参汁，动

之以情，晓之以理，经过数天的努力，终于说服洪承畴投到清军麾下。

此后，由于孝庄文皇后经常留意参与清朝的政治活动，她的政治素质和才能得到了磨炼，很快脱颖而出。当重大政治事变突然发生的时候，这种才能就明显地显示出来了。

崇德八年（1643）夏，在松锦大战中，清军取得了重大胜利后，声威大振，气象日新。皇太极踌躇满志，正计划下一步战略，然而天不假年，八月初九日在盛京突发脑溢血，暴死于清宁宫。皇帝暴卒，向来容易引起政治动乱。由于皇太极对皇位的继承问题没有留下遗嘱，在繁琐的丧仪背后，一场激烈的权力角逐悄悄展开。

努尔哈赤半身朝服像

努尔哈赤生前曾规定，他的继承人必须由满洲贵族公议，从八大议政贝勒中推选，八大贝勒"同心谋国"，以军功昭著的儿子代善、莽古尔泰、皇太极及侄子阿敏轮月执政，朝贺时兄弟四人并排面南坐——这是一种原始军事民主制的政治格局。皇太极继承汗位后，打破了这个框框，皇帝南面独坐，独掌大权。

皇太极死后，经过或明或暗的较量，孝庄文皇后再次显露出胸怀大志的政治头脑，她在幕后的活动最终取得了好的结果，她的年仅六岁的儿子福临胜出，并登上了皇帝的宝座。当然，由于她这时候的出现，也在清朝历史中写下了第一个历史谜团——"太后下嫁"。但不管有没有此事，她的儿子最终当上了皇帝，这就是最大的胜利。然而在以男人为中心的政治舞台上，一个年仅三十一岁的寡妇带一个六岁皇帝执政，其艰难程度是令人难以想象的，在朝臣中必须有属于自己的政治力量，摄政王多尔衮是最值得依靠的力量。这是孝庄文皇后的最重要的认知。她深知同摄政王多尔衮搞好关系的重要性和必要性，出于母子命运，出于大清江山的考虑，无论在政治上还是在生活中，孝庄文皇后处处表现出了对多尔衮的容忍和退让，这是为了生活和政治的需要。

顺治七年（1650）十二月，多尔衮出猎，意外死于喀喇城，

多尔衮像

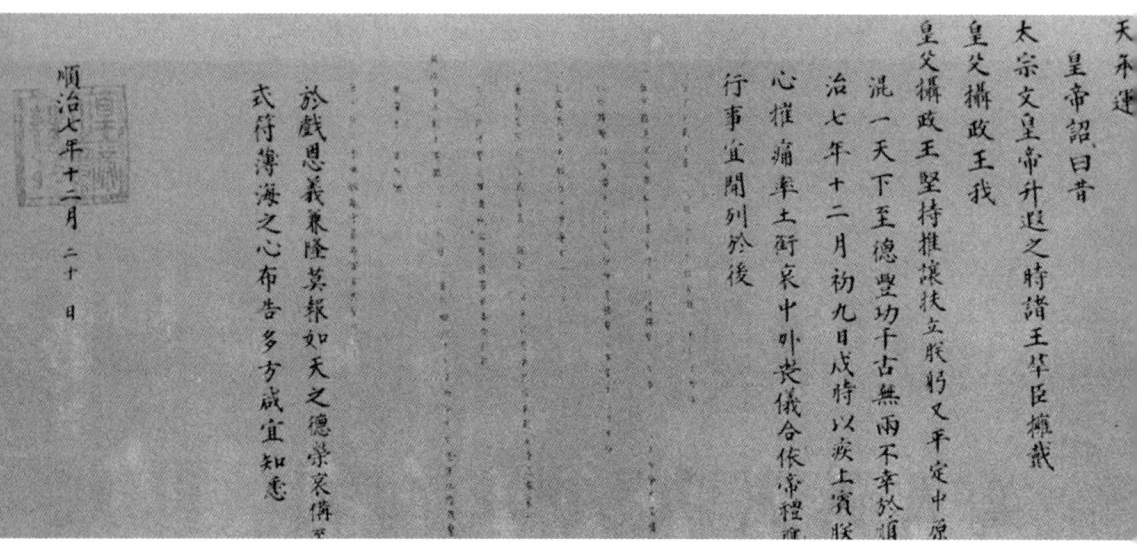

多尔衮死后，顺治帝颁布的皇父摄政王以疾上宾的哀诏

被追尊为"成宗诚敬义皇帝"，用皇帝丧仪。顺治帝福临亲政，未到两月，即宣布多尔衮"谋篡大位"等种种罪状，削爵毁墓并撤去太庙牌位，籍没家产，多尔衮的党羽也受到清洗。在推翻多尔衮的过程中，济尔哈朗取而代之，成为一个新的权力中心。孝庄文皇后敏锐地发现了这一苗头，防微杜渐，让顺治帝发布上谕，宣布一切奏章悉进皇帝亲览，不必启和硕郑亲王（济尔哈朗），消除了可能产生的隐患。年少的顺治帝在孝庄文皇后的安排下理政、读书，如饥似渴地吸收汉文化，在大胆使用汉官、整顿吏治等方面，开创了清初政治的新局面。

政治权力的斗争刚刚结束不久，家庭矛盾又凸现。孝庄文皇后干预顺治帝的婚姻，在令顺治帝不满的同时，顺治帝的生命也走到了尽头。顺治帝废掉孝庄文皇后指配的婚姻后，发现了属于自己的真正爱情，他深深爱上了一个姓董鄂的女人，因为情伤，又加上天花的袭

击，年仅二十四岁的顺治帝
驾崩了。在顺治帝死前，孝
庄文皇后再次发挥出超人的
锐利眼光，选择年仅八岁的
玄烨登上了皇帝宝座。这就
使清王朝开始了康乾盛世的
政治局面，大清国在经过这
一系列的政权转换之后，不
但没有衰落下去，反倒强大
繁荣起来。这一切都与清初
的女政治家孝庄文皇后有重
要的关系。

鳌拜像

康熙帝十岁时生母佟佳
氏亡故，照看他的是祖母孝
庄文皇后，所以祖孙二人感情十分融洽。孝庄文皇后不但关心他的起
居，而且对他的言语举动，都立下规矩，严格要求，稍有逾越，则严
厉批评，不稍宽纵姑息。在她的教导下，玄烨健康成长，一个未来杰
出帝王的特质和才具，在少年时代便打下了深厚的根基。鳌拜集团被
铲除后，孝庄文皇后放手让玄烨理政，让他在实践中得到锻炼，又一
再提醒他要谨慎用人、安勿忘危、勤修武备等。对于祖母，玄烨非常
尊重，重大事情无一不先征求祖母意见，然后施行。在他们的携手努
力下，清王朝从动乱走向稳定，经济从萧条走向繁荣，为平定三藩、
统一台湾和边疆用兵等大规模战争的胜利奠定了坚实基础。

统治中国四十八年之久的慈禧太后

　　然而，当了十八年皇太后、二十六年太皇太后的孝庄文皇后，生活俭朴，不事奢华，平定三藩时，把宫廷节省下的银两捐出犒赏出征士兵。每逢荒年歉岁，她总是把宫中积蓄拿出来赈济，全力配合、支持孙子的事业。她的表率行为，更使皇帝增加十二分敬意。康熙二十一年（1682）春，康熙帝出巡盛京，沿途每隔几天便派人驰书问候祖母起居，报告自己行踪，并且把自己在河里捕抓的鲢鱼、鲫鱼脂封，派人送京给祖母尝鲜；康熙二十二年（1683）秋，康熙帝陪祖母巡幸五台山，一到上坡地方，康熙帝每每下轿，亲自为祖母扶辇保护。孝庄文皇后与康熙帝的这种亲密和谐关系，反映了她的为人品质，这与二百年后同样经历三朝、对中国政治产生重大影响的慈禧相

孝庄文皇后的昭西陵

比，是截然不同的。但令人想不到的是，康熙二十六年（1687）十二月二十五日子时，孝庄文皇后永久地闭上了眼睛，康熙帝竟然没有按照清朝制度将孝庄文皇后安葬在沈阳的昭陵，而是将其停灵在河北遵化境内清东陵风水墙外长达三十五年之久，直到雍正三年（1725）才匆匆动工营建陵寝，而陵工仓促，不到一年就草草修就，这一切在现在看来，真的很令人费解，那么这一切究

孝庄文皇后谥宝

竟是怎么回事呢？

对此，民间有两个传说。

传说一：在孝庄文皇后生前，由于与自己的小叔子多尔衮的关系暧昧，甚至有"太后下嫁多尔衮"之闻，因为自己不是清白之身，没有脸面见自己的男人了，故孝庄文皇后在临终前，情愿自己葬在清东陵大红门外，为自己的子孙看守皇陵大门，以示忏悔。

传说二：孝庄文皇后死后，按照清朝祖制，皇后应该与皇帝合葬，康熙帝决定将祖母棺椁运回盛京（今沈阳），葬入皇太极的昭陵。经过仔细精心地挑选，选出了一百二十八名健壮的杠夫，这些人的技术水平是超一流的水准，一满碗水放在杠上行走，无论路途多么遥远和艰难，都能做到水一点儿不外流。就这样，浩浩荡荡的送葬队伍顺利地出了北京，来到清东陵大红门外，突然，棺椁变得异常沉重起来，把这些平时行走如飞的杠夫压得眼冒金星，腿说什么也抬不起来了，经过送葬大臣批准，这些人把棺椁放在地上休息，满以为休息一会儿就可以继续赶路。不承想，放下容易抬起难，棺椁这次像长在地上一样牢固，无论杠夫怎么使劲，棺椁就是纹丝不动地停放在地上。送葬的朝廷大员急得团团乱转，叫苦不迭也万般无奈，就将此情况飞马上报给康熙帝。康熙帝闻报，大惊失色，苦闷之际，忙召集大臣商量，而众大臣也对此面面相觑，束手无策。康熙帝退朝回到后宫的乾清宫，苦思冥想也想不出该怎么办，慢慢地他睡着了，在蒙眬中，他听得空中仙乐响起，但见五彩祥云飘绕来至，一个很熟悉的身影降落在他面前，定神仔细观看，原来是祖母太皇太后，急忙下拜迎接。太皇太后对他说："此次前来，是为吾身后之事。吾不忍远离汝父子，

决计不与太宗合葬，只在现今棺椁停放之处安葬即可。切记吾言，休
得违误。"言罢，祥云冉冉升起离去。康熙帝欲拉住孝庄文皇后衣袖，
结果身子扑空，猛然惊起，方知是南柯一梦。醒后仔细回忆，深知这
是太皇太后给自己托梦，于是，康熙帝遵照孝庄文皇后梦中叮嘱，决
定在停灵之旁营建陵寝。这次再移动棺椁，不那么沉重了，这时候，
康熙帝君臣才最终明白棺椁沉重的原因。当然，这只是一个传闻故
事，不足为信。

昭西陵鸟瞰

据史料记载，康熙帝把孝庄文皇后停灵在大红门外久而不葬，这
是孝庄文皇后死前的遗嘱。她病危时曾对康熙帝说："太宗文皇帝梓

宫安奉已久，不可为我轻动，况我心恋汝皇父及汝，不忍远去，务于孝陵近地择吉安厝，则我心无憾矣！"

康熙帝与祖母感情极深。他把自己的长大成人、事业有成，完全归功于祖母的培养教育。在孝庄文皇后病重期间，康熙帝衣不解带，目不交睫，昼夜陪侍在旁一个多月。他从皇宫步行到天坛，亲撰祝文，请求皇天上帝减少自己的年岁以延长祖母的寿数。孝庄文皇后死后，康熙帝悲痛欲绝，身形消瘦，几乎病倒。他为了让祖母在九泉之下生活得舒适遂心，把祖母生前称赞过的寝宫拆运到遵化孝陵附近重建。为了安厝祖母灵柩，在康熙二十七年（1688）这一年的时间，他先后四次去遵化拜谒暂安奉殿。康熙帝对孝庄文皇后之孝、之敬、之亲，达到了无以复加的程度。

尽管如此，康熙帝不为祖母建陵还是有历史原因的。在封建社会统治阶级中，男性应该是正角，清东陵作为清朝的万年吉地，选中它的是顺治帝而不是皇太极，并且皇太极也未迁葬于清东陵。在清东陵这个新的陵寝体系中，孝庄文皇后的儿子顺治帝是清东陵的主要角色，作为皇太极的皇后，孝庄文皇后葬入其中并不合适，按照以往先皇的做法，本应将祖母葬入祖父昭陵的地宫，但因祖母有遗嘱，所以只能将祖母的灵柩暂时安放在清东陵的风水墙外。又因大红门的西侧是西大河，而东侧不仅无河且又平坦，并且还是古代兆葬制度中的尊贵地位，所以将祖母陵寝位置选在那里是最合适的，只是不能将那里正式取陵名和建地宫，而故意留给能悟出自己苦心的子孙为之建陵取陵名，子孙根据灵柩既已安放的事实建陵，这也是情理中所迫不得已的事情，因此子孙借坡下驴打破祖制也在情理之中。事实上，后来的雍正帝也体会出了皇父康熙帝的良苦用心，即将孝庄文皇后安放东陵风水墙外并为之取名"暂安奉殿"，又有为孝惠章皇后建皇后陵和取陵名"孝东陵"的含义。这种做法高明之处是：康熙帝既遵照了孝庄文皇后的遗嘱，又没打破顺治以前的祖制，雍正帝将孝庄文皇后安葬是康熙帝的暗示，雍正帝为孝庄文皇后在清东陵单独建陵寝打破的则是康熙已打破的祖制。这个祖制打破的好处在于，既解决了后代要想单独建皇后陵遇到的难题，又圆满解决了关内关外是以清王朝一家天下的说法。对此，雍正帝这样解释在大红门外建陵的用意："自从孝庄文皇后暂安以来，国家日益强盛，康熙帝在位历数绵长，子孙兴旺。此处实为一处上吉佳壤，风水宝地。"于是，将暂安奉殿改建成后陵，定名"昭西陵"。

生者珍惜，死者安息。雍正帝将孝庄文皇后陵寝的定名，既遵照了孝庄文皇后的意愿，"不与子孙远离"，还表明昭西陵与关外的皇太极昭陵是一个体系，与清东陵既有区别又有关联。

暂安奉殿原是紫禁城内刚落成的慈宁宫东边的五间寝宫，孝庄文皇后生前屡赞其美，但没有居住多久就过世。于是康熙帝命将其拆建到清东陵为停放孝庄文皇后棺椁之用。因其建筑风格是重檐庑殿建筑，规格是最高的建筑形式，这在清朝皇陵中是唯一的。

由于昭西陵是由暂安奉殿改建而成，所以实际营建时间很短，除了与其他的皇后陵一样，建有方城、宝城、明楼、隆恩殿、东西配殿、隆恩门、值班房和神道碑亭等主要建筑外，最引人注目的则是它有内外两层进深的院墙，前后四道面阔墙，地宫周围建宝城，前面单独另起建方城。

重檐庑殿　　　　庑殿　　　　重檐歇山

歇山　　　　悬山　　　　硬山

卷棚悬山　　　　卷棚歇山　　　　卷棚硬山

重檐四角攒尖　　　　四角攒尖　　　　重檐八角攒尖

重檐圆攒尖　　　　圆攒尖　　　　盝顶

重檐盝顶　　　　盝顶

古代建筑屋顶形式

昭西陵旧影

　　因此，无论建筑格制还是建筑规格，都是清朝皇后陵中的最高配置。但是昭西陵由于特殊的地理位置，没有桥梁和马槽沟，也没有设置人工的砂山，它的朝山是偏向金星山。昭西陵既奇特也传奇，这是因为它的墓主人有着非同一般的传奇人生。作为一个女人，孝庄文皇后具有普天下都有的母爱，还有傲视天下的政治才能，是一位大智大勇的女政治家。

终身未嫁的侍女苏麻喇姑

一个男人的成功，往往身后都有一个或者几个女人的帮助。康熙帝是男人，自然也有女人的帮助和支持。他属于站在女人肩膀之上的成功男人。

在康熙帝身边，除了祖母孝庄文皇后对他有着重要影响之外，还有一个女人不能不提，那就是民间传说甚广、富有传奇色彩的苏麻喇姑。

在历史上，康熙朝真有一位叫苏麻喇姑的蒙古女人，这个女人的出名，不是因为史书的记载和在中国的政治舞台上叱咤风云，而是因为近些年影视剧的热播，《康熙帝国》《康熙王朝》等将苏麻喇姑这个名不见经传的历史人物演绎得神乎其神。苏麻喇姑在皇宫中的正式身份只是一名侍女，是孝庄文皇后的贴身丫鬟，与大清皇室没有血缘关系，也不是其家庭成员，但确实与大清皇室的关系不一般，她一生经过了大清王朝太祖、太宗、世祖和圣祖，是很多重要历史事件的见证人。从现有的资料推算，她应该比康熙帝大四十岁，一生不婚不嫁，是一个地地道道的侍女。死后被以嫔礼安葬在她的主人孝庄文皇后昭西陵东侧的新城马庄。

这个富有诸多传奇色彩的女人在历史长河中是如何走过来的呢？

苏麻喇姑是蒙古族人，出生在科尔沁大草原一个贫苦牧民之家，生年大约在明万历四十年（1612）前后。最初名字叫苏茉儿，或苏墨尔，为蒙古语的音译，意思是毛制的长口袋。顺治朝晚期或康熙朝年间改称满名苏麻喇，意思是"半大口袋"。

苏麻喇姑天生美丽聪慧，远近皆知，被科尔沁贝勒府看中，在府内当上了贝勒寨桑的二女儿本布泰的贴身侍女。本布泰就是后来大名鼎鼎的孝庄文皇后。后金天命十年（1625），苏麻喇姑作为本布泰的贴身侍女，随主人陪嫁到了盛京。1636年，皇太极正式称帝，改国号大清。取名"大清"的原因是这样的，一是为了避免关内汉人仇恨后金曾带给中原地区的战乱和灾难。二是据说"大清"国号源于五行学说的"水克火"的意思。因为"清"从"水"，明朝的"明"从火，水克火。

顺治元年（1644）清军入关，苏麻喇姑随已被尊为皇太后的孝庄文皇后到达北京，住进了金碧辉煌的紫禁城。

苏麻喇姑自从当了贵族侍女，良好的生活和社会环境使得她的眼界不断扩大，文化修养也迅速提高，不仅蒙语讲得好，而且很快掌握了满语和汉语，尤其是那一手漂亮的满文，赢得了全宫上下的称赞。

传说是苏麻喇姑像

于是，在康熙帝幼年的时候，奉孝庄文皇后之命，担任了幼年康熙帝的第一任满文老师。

苏麻喇姑心灵手巧，在裁剪方面也是行家里手，凡她做的衣服，既合身，又美观，因此曾参与清朝衣冠饰样的制定。不仅如此，早年的草原生活和后来的塞外经历，使苏麻喇姑练就了不凡的马上功夫。骑马自然是最好的出行方式，因此，每次为主人孝庄文皇后到宫外办事，她都是骑马而行。

苏麻喇姑与孝庄文皇后朝夕相处，形影不离，时间长达六十余年，两人之间实际上早已超出了一般的主仆关系。特别是在皇太极驾崩后，孝庄文皇后刚刚三十一岁，青春鼎盛便过上了孀居生活，很需要有一位知音相伴，而与她年龄相仿、一直独身的侍女苏麻喇姑，自然是她的最佳人选。在公开场合她们是主仆关系，在私下里，却形同姐妹，正因为如此，苏麻喇姑在宫中的实际地位很高，颇受尊敬。孝庄文皇后称她为格格，这是清朝皇室女儿的专用称号；顺治帝与她论平辈；康熙帝则称她为"额涅""额娘"即母亲，康熙帝的众皇子们，则尊称她为祖母。而苏麻喇姑很有自知之明，始终谦恭谨慎。她在孝庄文皇后和康熙帝面前总是毕恭毕敬，小心侍奉，自称奴才。

康熙二十六年（1687），孝庄文皇后病逝。这给苏麻喇姑以巨大的精神打击，使她陷入了悲伤、孤独、寂寞之中，这时的苏麻喇姑已经是七十多岁的老人了，如果长期这样下去，对她的身心健康是极为不利的。为了排解她的悲伤和孤独，康熙帝决定把庶妃万琉哈氏（后来的定妃）所生的皇十二子胤裪交由苏麻喇姑抚养。胤裪是康熙二十四年（1685）出生的，这时只有三岁。按清宫惯例，只有嫔以上内庭主

位才有资格抚养皇子。让苏麻喇姑抚养皇子，表明康熙帝对苏麻喇姑
十分信任和重视。苏麻喇姑对于康熙帝的这一安排，当然心领神会，
感激非常，同时也感到责任重大。为了报答浩荡皇恩，她又重新振作
起来，把一个女人天生的母爱和全部的精力全部倾注到了胤祹身上。
在苏麻喇姑无微不至的关爱和孜孜不倦的言传身教下，胤祹成为一位
颇有政治头脑和才干的皇子，曾多次奉旨办理各种政务。在康熙朝末
年争夺储位的激烈斗争中，胤祹很少介入，基本上保持中立，所以在
雍正帝即位后，他不仅没有遭到打击、排挤，相反还被封为郡王。到
了乾隆朝，胤祹被晋封为和硕履亲王，被授为议政大臣。乾隆二十八
年（1763），胤祹以七十九岁高龄寿终正寝。在康熙帝的三十五个皇
子中，他是最高寿的。胤祹能荣列藩封，参与政务，并高寿而终，与

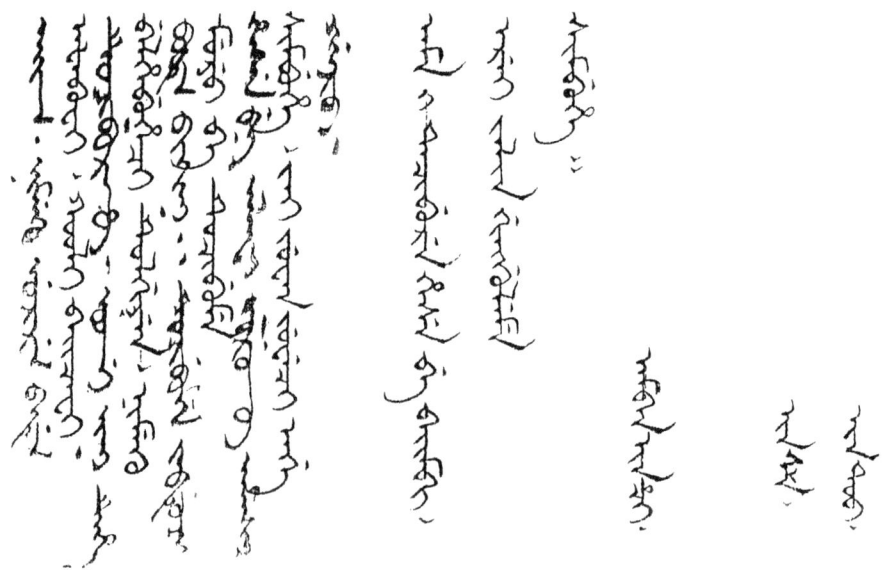

皇子关于苏麻喇姑病情的满语奏折（局部）

苏麻喇姑的精心培养、指点教诲有直接的关系，因此他对苏麻喇姑的感情也明显比其他皇子深。胤祹长大成人后，苏麻喇姑过上了悠闲自在的生活。

晚年的苏麻喇姑信仰佛教，她信仰佛教在一定意义上为了报答所谓的皇恩。念佛诵经是她晚年生活的主要内容，她经常发自内心地表示："愿意多活几年，为主子叩头祈祷，以尽奴才的一点心意。"她还说，自己存活一世"只是为主子念佛祈福罢了"，"蒙主子厚恩，每日只是在佛像前尽力为主子祈祷，祝愿主子万万岁"。由于她有独特的信仰和生活方式，一生没有结婚。然而，她在生活上有两个令人不解之谜，一是终年不浴，只有到年终最后一天即除夕之日，才用少量的水洗一洗身体，然后再把这些用过的脏水喝掉；二是终生不吃药，即便病情再重，也不服用任何药物。

关于苏麻喇姑为什么不洗澡并喝掉自己擦洗身体留下的"秽水"，笔者分析，也许与生活在蒙古草原有关系，是一种长期的牧民生活习惯所致。因为草原上缺水，对水的珍惜已经达到"惜水如金，爱水如命"的程度。而喝掉"秽水"，则是认为擦洗所用水也是一种对水的浪费，浪费如命一样的水会遭受上天的惩罚，会遭受报应的，为了表示自己没有浪费水而喝下已经使用过的水，或者说这是一种特殊的信仰。而苏麻喇姑生病不用药物，也许是出于生活习惯，苏麻喇姑出身很贫穷，那时候的蒙古部落之间不但落后，而且缺医少药，大多数人生病除了祈求佛祖的庇佑，还能有什么办法呢？那就只能认为是上天对自己的惩罚或者自己该归天了，这种思想时而久之，在童年的苏麻喇姑心里也留下了不可磨灭的烙印。

康熙四十四年九月初七日（1705 年 10 月 24 日），苏麻喇姑的心脏停止了跳动，结束了她那丰富多彩的一生，终年九十四岁。

为了回报苏麻喇姑对大清所做出的贡献，报答她对自己"手教国书，赖其训迪"和抚养皇子的恩情，康熙帝决定按嫔礼为苏麻喇姑办理丧事。这对于奴仆出身的苏麻喇姑，可以说是旷典殊荣。苏麻喇姑生前与孝庄文皇后朝夕相伴六十多年，度过了不平凡的岁月，死后当然也应该让她们两人长依相伴。当时，孝庄文皇后的梓宫停放在遵化昌瑞山下的暂安奉殿内，康熙帝决定将苏麻喇姑的灵柩也停放于此。苏麻喇姑的灵柩是于康熙四十四年（1705）十月十三日移入暂安奉殿的，主仆二人相别已经十八年了，此次冥间重逢，想必一定会感谢康熙帝为她们做出的这一精心周到的安排。

雍正三年（1725），孝庄文皇后的暂安奉殿正式改建成昭西陵，十二月初十日，孝庄文皇后正式入葬昭西陵地宫。由于苏麻喇姑既不是皇室爱新觉罗后代，也不是皇帝的嫔御，而又出于安葬涉及风水攸关的原因，限于名分，苏麻喇姑不能与主人同葬昭西陵。雍正帝为了照顾苏麻喇姑与孝庄文皇后之间的亲密关系，决定将其葬在昭西陵附近，即距昭西陵只有三里的东南新城的东墙外的马庄。

苏麻喇姑园寝于雍正三年（1725）二月动工，同年七月完工，八月初七日将苏麻喇姑葬入该园寝内。这座园寝坐北朝南，主要建筑由北到南有：地宫上建宝顶，前建园寝门三座、亭堂三间、大门三间，环以朱垣。门外建东西值房、东西厢房。宝顶位于园寝纵向中轴线上。

光绪二十六年（1900）八国联军进攻北京，慈禧偕光绪帝出京西

苏麻喇姑（小）与老贵人宝顶（大）

逃。当地的老百姓都以为大清国倒了，于是一哄而起，就把这座园寝给拆了。苏麻喇姑的地宫是在日本投降前被盗的，地宫盗口长期敞开着。据一位曾经进入过地宫的老人回忆：苏麻喇姑的地宫很小，四面墙壁是用砖砌的，地宫顶都是用大平石板棚起来的。棺床为石制，装骨灰用的是小缸，下面有金井。由此可见，苏麻喇姑死后是火化的。

　　根据苏麻喇姑死后的丧葬规格和在宫中的生活地位，她是大清皇室的一个很重要的仆人，她生前的生活水平在清皇室里是最低的，但是与其他的仆人相比却是最高规格的。她德高望重。这在一定程度上也能看得出来，清皇室在对待朋友和家人的关系上的区别，更多的是给予精神上的待遇而不是物质上和政治上的享受。因为受时代所限，毕竟主仆身份地位等级不一样，但这在苏麻喇姑看来，已经是皇恩浩荡了，她一辈子都已经无法偿还的。这就是苏麻喇姑，一个富有传奇色彩的侍女的一生。

第三章 康熙帝与景陵

康熙帝是清朝入关后的第二个皇帝，既然他的皇父葬在了清东陵，他就理所当然也要葬在清东陵。作为清朝最有政绩的一位皇帝，康熙帝在遵守旧制的同时，还不断学习关内汉文化的精髓为之所用，他完善了满族皇室在丧葬文化方面的一系列的重要改革，使得满汉之间更快地融为一家人。

为女人建造的地下宫殿

孝诚仁皇后是康熙帝的原配皇后，她是第一个葬入康熙陵地宫的人，而且还是因为她的过早去世，使得康熙陵提前营建。

康熙帝十二岁的时候，他的祖母孝庄文皇后就为他举行了大婚礼，新娘是比他大一岁的皇后赫舍里氏，如果按月计算，实际上新娘只比他大三个月。

这门婚姻表面上看没有什么，实际上暗含着康熙帝祖母孝庄文皇后的一个重大政治目的：皇帝亲政，就可以掌握真正的皇权。原来，康熙帝即位之时，由于年岁太小，不能处理国家大事，他的皇父顺治帝就为他选了四位德高望重、为国屡建功勋的元老重臣作为辅政大臣，由索尼、遏必隆、苏克萨哈和鳌拜四大臣处理朝政，在这种政治体制中，康熙帝实际只是一个傀儡。虽然鳌拜在四位辅政大臣中地位最低，但因索尼年老多病难以过问朝政；遏必隆生性庸懦，且与鳌拜同为镶黄旗，遇事多阿附鳌拜；苏克萨哈因曾是摄政王多尔衮旧属，为其他朝臣所恶，势单力薄；鳌拜利用这些得以擅权，并逐步结党营私，日益骄横，竟发展到不顾康熙帝的意旨，先后杀死户部尚书苏纳海、直隶总督朱昌祚、巡抚王登临与辅政大臣苏克萨哈等政敌，引起朝野惊恐的危险地步。由于危及皇权的安危，杰出的女政治家孝庄文皇后把这些看在眼里，时刻谋划着：要想从辅政大臣手中夺回权力，最好的方式就是皇帝亲政。要想皇帝亲政，皇帝必须是成年人，而成年人的标志就是结婚。所以孝庄文皇后决定在康熙帝十二岁的时候就为他举行大婚礼。而新娘之所以选择索尼的孙女，因为可以使年老体弱、但仍是朝廷第一重臣的索尼更加忠心地效忠皇帝，使之能与鳌拜抗衡，康熙帝因此在后宫也有支持他的坚强后盾。事实上，孝庄文皇后的这一打算确实得以顺利实现。康熙帝利用一群少年在宫内练习"布库"（即摔跤，满族的一种角力游戏），在鳌拜麻痹大意的情况下，将鳌拜捉拿。

康熙帝大婚后，小两口相亲相爱，不仅感情很

孝诚仁皇后朝服半身像

好，而且婚后四年生了一皇子，但孩子在四岁时早殇。康熙十三年（1674）五月初三日又生一皇子，这个皇子就是被康熙帝两立两废的皇太子胤礽。却未想到因难产，皇后当天就死了。康熙帝对皇后的死非常悲痛，因为是原配，并且死在皇帝之前，所以最初赠给她的谥号是"仁孝皇后"。后来因康熙帝死后被谥为"仁皇帝"，为避免与康熙帝的"仁"字重，于是，雍正帝将"仁孝皇后"改谥为"孝诚皇后"。这就是康熙帝原配皇后赫舍里氏为什么被称为"孝诚皇后"的原因。

虽然康熙帝的皇后死时只有二十二岁，是清朝死在皇后位上最年轻的皇后，但根据清朝葬制，原配皇后一定要与皇帝合葬在一起的，若先于皇帝而死，则暂行埋葬，待皇帝死后再与皇帝合葬一处，也就是说孝诚仁皇后作为康熙帝原配皇后一定要葬入康熙帝陵的。而在当时的社会环境中，尽管中国封建社会历代相传，新皇帝即位后就要相度自己的万年吉地，兴建陵寝，清王朝按说也不例外，但康熙帝由于幼年即位后，大清国就开始营建顺治孝陵，而朝政中权臣辅政，南方三藩叛乱，全国百业待兴，国力还很衰弱，所以康熙帝即位十几年来一直未能顾及修建自己的陵寝。既然皇后死后要葬在皇帝陵是制度，那么对于康熙帝来说，这件早晚都要做的营建自己陵的事情就不得不提前考虑了。

民间常说，祖宗坟地"子随父葬，祖辈衍继"。在清朝官方来说，这就叫"昭穆制度"。

清朝入关第一帝顺治帝把自己的万年吉地选在了河北遵化马兰峪清东陵，作为顺治帝的下一代皇帝也必然要把自己的陵墓选在清东陵境内，因此康熙帝陵也应建在昌瑞山下，成为清东陵第二座皇帝陵。

于是，康熙帝出于遵循葬制，在孝诚仁皇后去世的当年就派大臣到遵化清东陵，在孝陵附近相度自己的万年吉地。第二年十月基本选定。选定万年吉地，营建陵寝在那个年代是国家大事。因此在康熙十四年（1675）十月，康熙帝借到孝陵祭祀皇父的机会，也到相度大臣选定的万年吉地亲自察看，见那里山环水绕，景色秀丽，非常满意，于是就确定了下来。

古人认为：墓地选址的好坏与吉凶，直接影响着生存者的人生。墓地风水好，会给子孙后代带来好运气和财富；相反，就会招来邪气、晦气，家道衰败。因此，封建帝王墓地的风水不仅关乎皇室及子孙的延续，还关系着政权的兴衰和王朝的更迭。所以，在谈及清朝陵寝的选址时，很多人自然就会联想起影响中国数千年的风水术。何谓风水，简单地说就是，只有在避风聚水的情况下，好的环境和地理位置才能得到生气。

明、清两朝皇家陵寝多以形势宗为理论选择自己的陵寝。选址是陵寝建筑的核心条件，其间存在严密的选取规则、评价标准，这些标准用风水理论术语表达描述，晦涩玄奥，玄乎其玄。用现代语言说就是：景观、生态、礼制、工程四个方面的需要。

康熙十五年（1676）正月十三日，康熙帝向礼部和工部发出上谕，令大臣们在孝陵附近正式选择万年吉地建陵，因战争国库紧张，先建地宫以安葬

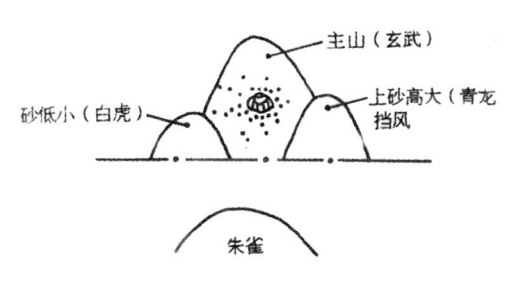

"砂"的分布示意图

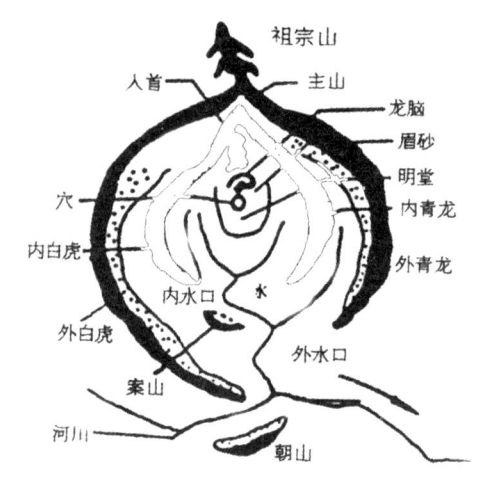

古人理想中的风水形势图

皇后，其余建筑不必先建。同年二月初十日正式破土动工。康熙帝不愧为一代明君，他审时度势，根据国家的财力和难处，只是先修建陵寝的地宫，将死去的皇后入葬，而陵寝的其他附属建筑可以推迟到国势平安的时候，孝诚仁皇后和死于康熙十七年（1678）的孝昭仁皇后于康熙二十年（1681）三月同时葬入康熙陵地宫。

康熙陵的建筑规制虽然是模仿顺治的孝陵而建，但在清朝陵寝建筑史上更加趋于完善，并有所创新。

雍正元年（1723）二月十七日，雍正帝用针刺破手指，用指血在大臣事先拟定的六个陵名中圈定了"景陵"二字，至此，康熙帝的陵寝被正式称为"景陵"。康熙陵的命名是清朝皇帝唯一用血指圈定的。

《大清会典》文字之一

景陵的选址

　　景陵位于孝陵东南约二里处的昌瑞山五花岭之南，始建于康熙十五年（1676）二月初十日。

　　景陵是清朝入关后营建的第二座皇帝陵，由于建陵较早，各种档案丢失或残毁，景陵的堪舆人及选址的"风水说帖"等档案并未被发现。然而，在民间流传着这样的一个选址传说。

　　康熙帝登上皇帝宝座后，派出大学士、礼部尚书、工部尚书和钦天监官员到昌瑞山顺治帝孝陵附近相度万年吉地。这些官员和风水先生经过一年的反复踏勘，终于在孝陵东南二里的地方相中了一块。此处群山朝揖，众水分流，郁葱雄秀，彩霞飘逸，实为乾坤聚秀之区、阴阳会合之所，这正是踏破铁鞋难以找到的上吉之地。

　　然而，令众大臣和风水先生感到为难的是，在陵穴之处有一个深水潭，大约亩许，深不见底。据当地土人讲，此潭底部与陵园南面的龙门口相通，两水互流，实为一脉，且潭中经常有蛟龙出没。每逢大旱，当地土人便到此潭祈雨，无不灵验。自昌瑞山辟为陵园，首建孝陵以后，当地人才不敢到此祈雨了。

众大臣知道这件事后，便将相度的结果写成详细的奏折呈递给康熙帝。康熙帝是何等聪明之人，略加思索后说道："待朕亲临阅视，再作道理。"

第二年春季，康熙帝借谒陵的机会，在众大臣的陪伴之下来到东陵的昌瑞山。在拜谒了皇父的孝陵之后，由大学士及各部院大臣陪同来到了大臣们相中的那块风水吉地。但见此处山清水秀，林木葱郁，堂局严密，护砂环抱，果真是宝地。再看那穴处的深潭，约有亩许，深不见底。水潭处于两道山沟的汇合之处，山势陡峭，水流很急，对下部形成了极大的冲击力，年深日久，冲击成坑，积水成潭。一遇阴雨连绵的季节，积水一多，水面必广，水潭四周，山高林密，草木丛生，必然映衬得深不见底，由此便附会出潭底直通十里外龙门口的故事。至于蛟龙出没、祈雨灵验之类的故事，则纯属臆想，不足为信。康熙帝看毕，心中有数，对此处甚为满意，当晚住在马兰峪行宫。

第二天早晨，康熙帝召集众大臣说："昨日夜间，我梦见龙王三太子前来，说情愿将此地让给我作为万年吉地，我听后再三推辞。三太子却说这是天意。既然如此那就明年春季诹吉兴工吧。"

第二年开春，正巧大旱，水位大降，昌瑞山下那个深不见底的水潭缩小得只剩半亩。众臣僚和修陵大臣大为惊异，以为康熙帝所梦到的三太子真的搬家了。有神灵的谦让，工匠们干起活来自然也就格外卖力。为了避免山沟之水冲刷陵寝，康熙帝命建陵大臣在两条山沟下游各接修一条又深又宽的马槽沟，以此疏导山水。然后再让工匠们用二十个柳条大罐彻夜淘水，不到两天，潭水就被淘干。之后，又经过六年的紧张施工，康熙帝的景陵终于建成了。

据实地调查，景陵以象山为朝山，其建筑排列顺序由南往北依次如下：圣德神功碑亭、五孔拱券桥、望柱、石像生、东西下马牌、神厨库、牌楼门、神道碑亭、东西朝房、三路三孔拱券桥、东西班房、隆恩门、东西焚帛炉、东西配殿、隆恩殿、陵寝门、二柱门、石五供、方城和明楼、哑巴院、宝城和宝顶，宝顶下是地宫。

景陵神路与孝陵神路相接。

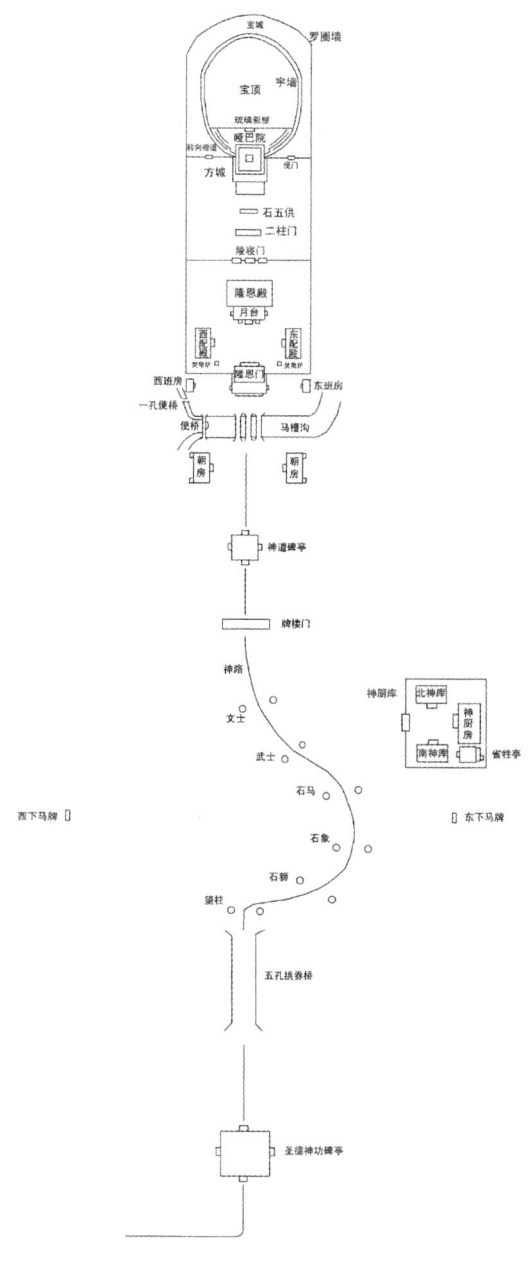

景陵平面示意图

改革与创新

顺治帝的孝陵是清东陵的首陵，是清朝入关后营建的第一座皇帝陵，该陵寝建筑规制和人文文化深受明陵影响，顺治帝在生前就选定了河北遵化马兰峪境内的昌瑞山下作为自己的万年吉地，自己的子孙后代都将葬入清东陵这块关乎大清万代江山社稷的祖宗墓地，但顺治帝英年早逝，其孝陵又是在国家动乱时期兴建的，其建筑规制明显是模仿明陵建制，其质量也因为国库空虚而质量低劣，很多建筑材料使用了大量的明代建筑旧料。因此，虽然清东陵第一座皇陵是顺治帝的孝陵，但只是在规模上宏伟壮观，在建筑形式上只能是后代帝王陵墓建筑的一个蓝本，而康熙帝景陵作为清王朝入关后营建的第二座皇帝陵，它在规制和规模上对后世皇帝陵营建起到了承前启后的作用，还在一定程度上规范和定义了子孙陵寝的规制。这就不得不提景陵的改革与创新，以及它的继承和延续。

一、景陵在孝陵规制上进行了许多改革

1.首创圣德神功碑亭立双碑。景陵确立了日后帝陵单建圣德神功碑亭（俗称"大碑楼"），竖立双碑的制度。圣德神功碑亭，建筑规制是重檐歇山顶，四面檐墙各辟一券门的单体建筑。圣德神功碑亭亭内正中的赑屃上竖着一统高达近七米的石碑。碑文用满、汉两种文字镌刻，碑文记述墓主人一生的

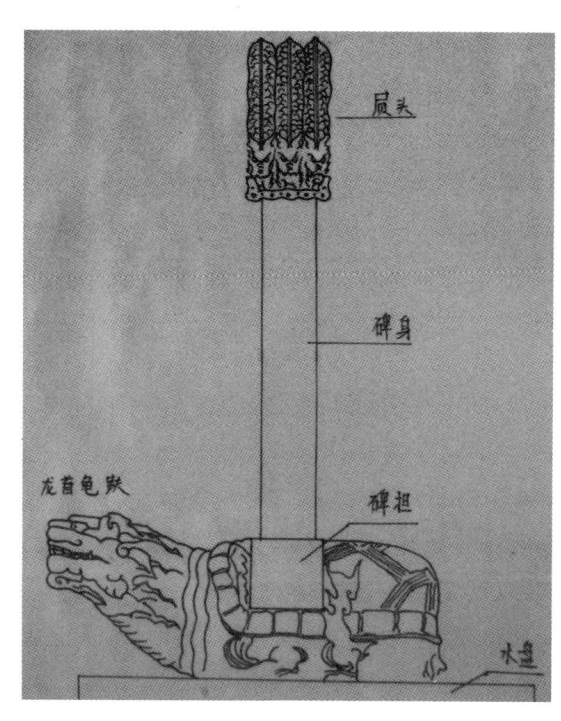

石碑各部位名称示意图

功绩。其附属建筑是海墁四角各竖一根华表。在清朝陵寝建筑中，只有顺治帝以前的清朝皇帝陵的功德碑亭才能称之为"神功圣德碑亭"，从康熙帝的景陵开始一律改称为"圣德神功碑亭"。

碑亭内驮石碑的赑屃，目前学术界称之为龟趺，是传说中龙生九子之一。据史料载其属龟科，喜文，擅长负重，故多置寺庙、陵寝以为趺碑。赑屃因为形似龟，所以才有龟趺之称。龟在我国古代有着崇高的地位，它和龙、凤、麒麟一起被古人尊称为"四灵"。殷商时代，

人们把重要的历史刻在龟板上记其事备忘，战争中成为卜辞寄托的材料。战国时期大将的帅旗上绣乌龟，祈求胜利。汉代以后，文武百官多以乌龟作印钮。古代天文学家，把天上星宿分为四方，北方玄武的旗帜就是用龟来表示的。所以古时多建北帝庙（俗称"龟神庙"），旗帜是黑底七星，表示北斗七星，示意所领北方星宿，黑色即源于乌龟的颜色。在五行观念中配上金、木、水、火、土和青、赤、白、黑、黄五色即为五行。由此可见古人是把龟当作水神来敬奉的。

明十三陵只有主陵长陵建了神功圣德碑亭，位于进入陵园正门的迎面正中，起着统驭全陵园的作用，其他十二座陵均未建立。清孝陵的神功圣德碑亭在清东陵陵园内所处的位置以及所起的作用与明长陵一样。

古制，陵寝的功德碑均由后人竖立。

景陵建不建神功圣德碑亭？是否仿照明十三陵规制？当这些实际问题摆在雍正帝面前时，他经过谨慎的思考后认为，皇父功劳政绩都超过了以往帝王，应该建圣德神功碑亭。经众臣会议，也一致赞同。景陵圣德神功碑亭遂于雍正三年（1725）四月二十四日正式破土兴工，于雍正七年（1729）建成。

孝陵神功圣德碑亭因受明长陵影响，碑亭内竖碑一通，满、汉文字都刻在碑的正面。建景陵大碑楼时，最初也想仿孝陵之制，建一通碑，可是碑文太长，尽管把字号缩小，但汉字就把碑面排满，满文无处容纳。雍正帝经过深思熟虑，想出了解决的办法，立两统石碑，一统刻满文、一统刻汉文，碑亭可以适当加宽，但高度不能超过孝陵神功圣德碑亭。于是，景陵圣德神功碑亭内并排竖立双碑，左碑刻满

文，右碑刻汉文。后世的泰陵、裕陵、昌陵也都效法景陵，各自建了
圣德神功碑亭，而且不管死者生前功业多少，不论碑文长短，一律竖
立双碑，成为定制。道光帝认为自己的功德远不如他的列祖列宗，因
此，他留下遗嘱，告诫他的子孙不要给他竖功德碑了。咸丰帝不敢违
背父命，果然没有为其皇父建圣德神功碑亭。以后各帝一帝不如一
帝，国势更衰，道光帝尚且不敢建大碑楼，其后各帝则更不敢建立
了。在景陵圣德神功碑亭四角相等的距离处，各竖有一根洁白晶莹的
盘龙石柱，正式名称叫"华表"，又称"擎天柱"。

孝陵神功圣德碑亭及华表

　　景陵华表高十二米，柱身周长四米多，自上而下盘绕着一条升腾
的五爪巨龙，穿云戏珠，栩栩如生。龙首处，穿插一块镂雕的如意云

景陵华表

天安门华表

板。华表柱顶承露盘上，蹲坐着一只石兽，名为"蹲龙"。汉朝、南朝时多为辟邪。华表四周还有望板和栏板，都雕有蔓草、云纹和各种姿态的龙纹图案。仅一个华表周身及栏杆上就有九十七条龙。望柱系连固栏板的立柱，在八根望柱头上，分别雕着牡狮戏绣球和牝狮耍幼狮。

清东陵的华表比北京天安门前金水桥旁边的华表还要高大豪华。北京天安门的华表只有四根望柱，每个望柱雕刻一个石狮子，而且在粗细和高低上也是无法与清东陵华表相比的。

2. 景陵首创皇帝御书碑、匾和碑匾用宝之制。凡清朝帝、后陵，在明楼、隆恩殿、隆恩门上分别悬挂斗匾一方。明楼上的斗匾题写陵名。隆恩殿的斗匾题写"隆恩殿"。隆恩门斗匾题写"隆恩门"。明楼内的朱砂碑上镌刻皇帝庙号、谥号的简称，如"圣祖仁皇帝之陵"。皇后陵的神道碑及朱砂碑上均为皇后谥号。清制，在帝、后入葬之前，陵寝就要镌刻碑文，悬挂斗匾。孝陵和孝东陵这些碑、匾上的汉字不是康熙帝的御笔。

景陵隆恩殿斗匾

景陵的这些碑匾汉字为雍正帝亲笔，落款处有"雍

088

站在景陵宝顶上看明楼

正尊亲之宝"六字宝文。自景陵以后，帝后陵碑匾上的汉文一般都由嗣皇帝书写，并钤盖宝文，成为定制。

　　3.规范满、蒙古、汉文字字号大小。孝陵和孝东陵碑匾上的满、蒙古、汉三种文字大小不一致，满字不仅居中，而且字号明显大于汉、蒙古文字，而景陵碑、匾上的三种文字则大小完全一致。自景陵以后，各帝、后陵碑、匾上的三种文字均大小一致。

二、景陵在一些附属建筑上的创新

　　1.景陵五孔拱桥。景陵的五孔桥在圣德神功碑亭北，桥体全部用青白石构筑而成，桥两边安设有石栏杆，石栏板安装有望柱加以装饰并起到巩固连接栏板之作用，柱身两面做盒子心，柱头呈望火焰，根据实际距离每侧安装了六十二根，而其中栏板则各有六十一块，也同

景陵五孔拱桥

弯曲神路上的石像生及五孔拱桥

样雕有和谐的曲线作为装饰，桥的路面由十三路条石组成。景陵五孔桥全长一百零七米，宽十余米，其规模宏大，石料精良，在清朝陵寝建筑中实为罕见。

2.景陵石像生立在弯弯的神路。由于景陵的地理位置的影响，因地制宜，在五孔桥与神道碑亭这段距离的神路上，并不生搬硬套采取以往神路笔直的做法，因此，景陵石像生的布局也有别于清朝所有的帝陵，是清朝所有陵寝规制中的唯一特例，究其原因是受神路弯弯地形的影响，而神路受地势的限制。原来此段地形受砂山下流出的小河影响，而神路随地形的变化也随弯就弯，矗立神路两边的石像生也只能因神路的弯曲设立了。这样反倒使得呆板的模式呈现出灵活多变、步移景换的效果，这种巧妙的设计方式，体现出当时人们的聪明和才

景陵石像生之石象

景陵石像生之武士

景陵弯曲的神路北段的牌楼门

智。石像生的设立，不仅是显示其墓主人身份和地位等级，还起到了一种装饰作用，石像生成双成对被布置在神路的两侧，其夹道两旁的警卫效果，除了显示排场，更给人一种此处神圣不可侵犯的感觉。

　　值得一提的是，景陵石像生是乾隆帝时期补建的。原来人们总以为这五对石像生是建陵时就有的，后来经过著名清陵专家徐广源先生研究发现，景陵石像生与孝陵石像生相比，无论在规模上、技艺上还是风格上，都相差甚远。而与晚建六十七年的乾隆帝裕陵石像生颇为相近，如出一人之手。经过查找大量清宫档案，最终确定乾隆帝为了给自己陵寝建造石像生，而先给康熙陵补建石像生的事实。景陵石像

景陵牌楼门旧影

生由北往南的排列顺序为：文士、武士、马、象、狮。石像生的南端是一对望柱。

3. 景陵始建牌楼门。石像生以北的那座建筑被称为"牌楼门"。牌楼门的构造是五间六柱五楼，使用六根四楼石柱做支架，以中间两根为最高，每根石柱上有个望天犼蹲在须弥座上，东边三柱的望天犼面朝西，西面三柱的望天犼面朝东，形成了与孝陵龙凤门不相同的独特格局，这为清陵建造牌楼门开创了先例。徐广源先生研究认为，景陵牌楼门也是乾隆帝补建的。

4. 景陵神道碑亭的位置。神道碑亭是正中神路上的一座重檐歇山顶、四面檐墙各辟一券门的单体建筑，因形制与大碑楼相似，故俗称"小碑楼"，其位置在陵寝隆恩门前三路三孔桥的南面，而孝陵则是建

景陵神道碑亭中的石碑

景陵神道碑亭正面

在三路三孔桥的北面，在这之后，帝后陵的神道碑亭位置大都效仿景陵将神道碑亭建在三路三孔桥的南面。

5. 景陵神厨库和马槽沟。一般的神厨库均在东朝房偏南一些，而景陵因东侧有着连绵不断的自然砂山，受其影响，神厨库只能因地制宜建在山脚下一片平地上，坐东朝西，南、北库相对而建，这样自然会距陵寝远些，打破惯例。景陵的井亭及井在神厨库东北约二百米处，景陵妃园寝西墙外，如今的那口井就是当年的景陵井亭里的井，现在井里仍有水，供农民浇灌着庄稼和果树。

景陵马槽沟作为排出陵寝外积水的通道，同样也是因地势而建，东宽西窄，以适应疏通积水的需要。

6. 景陵少建两条玉带河。景陵陵寝门前和景陵方城前，均未设排水用的玉带河，这与孝陵不同，孝陵有。但景陵这一改变，影响到泰陵、昌陵也同样未设置。

7. 景陵哑巴院磴道的改变。景陵哑巴院磴道将孝陵直线形磴道改为圆弧形。泰陵、裕陵和昌陵均效仿。

8. 景陵宝顶形状的改变。景陵宝顶将孝陵长圆形宝顶改为圆形。日后泰陵、裕陵和昌陵均效仿。

三、景陵在陪葬制度上的改革

殉葬是满族旧有的丧葬风俗。《宁古塔志》记载："男子死，必有一妾殉，当殉者必于主前定之，不容辞，不容僭也。当殉不哭，艳装而坐炕上，主妇率皆下拜而享之。及时，以弓弦扣环而殒之。倘不肯殉，则群起而扼之死矣。"比如，1626年努尔哈赤死后，大妃与另外两个妃同时殉葬。而1661年顺治帝死，尽管没有明令殉葬者，但还是有一男一女为之自尽，被埋葬在清东陵后，女子被康熙追封为贞妃，那位为顺治帝殉死的男子叫傅达礼，是顺治帝的一名侍卫，殉死后，朝廷为表彰他的忠心，授予他为一等阿达哈哈番，被谥为"忠烈"。

清朝自康熙朝开始，就严禁人殉葬。殉葬是指被迫或者所谓的"自愿"的非正常的死亡。而陪葬则是指，属于生老病死的自然死亡。景陵在陪葬制度上的创新如下：

1. 景陵开创了帝陵先葬皇后之制。景陵之前的永、福、昭、孝四陵，或帝后同时入葬，或皇后晚于皇帝入葬。康熙帝的孝诚仁皇后、孝昭仁皇后于康熙二十年（1681）入葬景陵，孝懿仁皇后于康熙二十八年（1689）入葬景陵。这三位皇后入葬后，没有关闭地宫石门，只是在地宫入口处临时安一道木门，以待皇帝。直到雍正元年（1723）九月初一日康熙帝、孝恭仁皇后、敬敏皇贵妃入葬后，才把地宫石门最后关闭，填平隧道，大葬礼成。自景陵首创帝陵先葬皇后之制之后，裕陵、昌陵、慕陵也都采用了这一做法。

2. 景陵开创皇帝陵内祔葬皇贵妃的先例。雍正帝在谋取皇位的斗争中，他的众弟兄大都与他离心离德，有的甚至成为仇人，唯独十三弟允祥对他最为忠心，使雍正帝深受感动，视允祥为心腹。因此即位后不仅给了允祥以重要职务，就连允祥的生母章佳氏的身后地位也大增。雍正元年（1723）六月将已死去二十三年之久的敏妃章佳氏追赠为敬敏皇贵妃，连升二级，并祔葬景陵。这无论对允祥还是对章佳氏家族，都是难得的殊荣和恩典，自景陵开创皇帝陵内祔葬皇贵妃的先例后，泰陵、裕陵内也都入葬了皇贵妃。

景陵隆恩殿建三间暖阁，中间暖阁供奉康熙帝及四位皇后神牌。东暖阁与孝陵一样，供奉陵图、玉碗和"祥瑞"产物。五个玉碗是后续皇帝分别敬献康熙帝及四位皇后奶茶时所用。西暖阁供奉敬敏皇贵妃神牌。而顺治帝的孝献皇后，即董鄂妃虽有皇后位号，但清皇室在孝陵中按照皇贵妃礼待之。说明清皇室并不承认她是皇后，她的皇后位号仅是顺治帝的个人赠送，清皇室未取消而已。

四、工程制度的改革

自康熙朝开始，清朝帝陵的陵寝工程开始实行对外承包的形式营建，不再采用一切都是官方组建各种建筑工匠机构的做法，并将陵寝各工程分工段、分进程对专门经营土木工程的木厂进行承包，这样既能保证工程质量，还能在一定程度上可以拖延资金的垫付和缓解工程的资金紧张。

笔者在景陵工作期间，不止一次听当地村民说起在附近发现多处石灰地窖的事情，虽经过三百多年的时间，那些深埋在地下的石灰膏依然能使用，并且质量相当好。

景陵作为清朝入关的第二座皇家帝王陵寝，其陵寝建筑无论规制还是在丧葬礼仪上，对清朝后来的帝王和后妃陵寝都产生了巨大的影响，康熙帝不仅继承和发展了他父皇孝陵的优点和长处，还根据实际的需要加以补充和改革，这不仅与清朝入关后受中原文化的影响有关系，还与作为封建统治者的康熙帝本人的勤奋好学有着重要关系。康熙帝作为清朝一位受过系统儒家思想影响的帝王，在大量吸收、研究汉族文化的同时，并对汉文化中的儒学思想有独特的观点和论述，因此，他不仅举行"博学鸿词"考试，组织编写了大型工具书《康熙字典》，并且还大量提倡和推广了汉族文化，而汉文化中的丧葬礼仪则被他吸收的最多。

康熙帝：帝后禁止火化

　　景陵以前的四座皇帝陵埋葬的帝后都是火化的，其地宫内安放的都是"宝宫"，即骨灰坛。而景陵地宫内的一帝四后一皇贵妃尸骨则均未火化，以棺椁装殓后入葬的，这说明满族人的丧葬制度已受到汉族风俗影响。

　　康熙帝在位时，清朝入关已久，而康熙帝又是少有的一代英主，他在思想上学习汉族文化，在行动中提倡和推广汉族文化，并且还借鉴和发展了汉族丧葬礼仪为自己所用。他认为汉文化丧仪中"人死入土为安"是对生命的最大的尊重，人来源于自然，死后就要回归自然，因此他这样解释说：人死后，用棺椁埋葬，筑坟植树，是为了厚人伦，行孝道。于是康熙帝在满族丧葬礼仪制度上大胆迈出了第一步改革：人死后不再火化。但这改革只能算是满族丧葬风俗变化的一个

康熙帝读书像

开始，并不是一个完整全面改革的推行。因为这时候开始的禁止火化行动只是局限于皇太后、皇帝、皇后、皇贵妃、贵妃、妃、嫔和贵人，而皇帝的较低级妃嫔如答应和常在，皇子、皇女等皇室成员乃至满族平民依然普遍火葬。例如，康熙二十二年（1683），康熙帝最喜爱的孝懿仁皇后佟氏生的皇八女，出生刚刚二十五天就死了，其丧制依然是火化，康熙帝对此的解释："我朝之先例，幼童概不制棺。如若事出，切勿制棺，并不论何时，即于彼时用单被裹出，送一净地火化，勿殓勿埋，自然了之。"康熙四十三年（1704）死的雍正帝的长子端亲王弘晖依旧是火化后入葬的。另外，笔者在景陵工作期间，曾听当地一些老人说，景陵妃园寝内安葬的一些妃嫔，有些人是按照满族人的丧葬习俗火化入葬的，有些人则是棺椁入葬的。而葬在景陵妃园寝的皇子则没有火化。

火葬本来是满族的旧俗，一般是在人死后的第二天，在荒野中用木材将尸体焚化，因此也称"火化"。火葬时，死者的子孙等族人聚集在一起，头戴白布为孝，宰杀牛马，或哭或食。两三日后即除孝。葬俗古朴粗简。清建国之初，宫廷丧仪比较简陋，顺治帝死后，其尸体就是按照满族在关外以前的风俗习惯火化的。

清初显赫一时的帝王，为什么要火化入葬呢？

原来，历史上的满民族常年奔走四方，迁徙不定，先人亡故，因不忍远离，故而采用火化方式，骨灰方便随身携带，用这种方式来寄托对亡者的哀思。对此统治者还有明确规定。《世祖章皇帝实录》这样记载："和硕亲王薨，停丧于家，俟造坟完方出殡，期年而化（即火化）；多罗郡王、多罗贝勒停丧五月出殡，七月而化；固山贝子以下、公以上停丧三月出殡，五月而化……官民停丧一月出殡，三月而化。"火化后的骨灰先盛在布袋或锦袋中，然后置于瓮罐（即骨灰罐）内，再埋于地下。为区别皇帝与他人的尊卑等级，皇帝的骨灰罐装在金或银制的宫殿式器皿内，称作"宝宫"。盛京三陵即是此种丧葬风俗。而顺治帝崩世时，则由于满族入关不久，尚保留有许多旧有的风俗，并且顺治帝信奉佛教，故由茆溪森禅师在北京景山寿皇殿为顺治帝火化，其后火化的骨灰入葬孝陵地宫。而彻底改变这一丧葬制度的则是康熙帝的孙子乾隆帝。乾隆帝即位不久，即下令规定：满族人丧葬一律不准火化。

原来，雍正十三年（1735）十月二十日，刚刚即位的乾隆帝在大量接受汉文化的同时，更是深受祖父康熙帝的影响，认为"火葬"是"夷法""违反孝道"，甚至是一种"伤风败俗"，是社会文明的倒退，只有罪恶深重的人才会焚尸灭迹，使其断子绝孙，永世不得超生。因此，乾隆帝这样解释："古时候，人们在埋葬死者时，都是隆重而奢华，后人为了表达自己的孝心，都是将其装殓在

《乾隆写字像》：乾隆作为盛世统治者，广学博览，孜孜不倦地学习汉文化

棺椁之中。本朝发迹关东，因打仗而迁徙无常，遇到父母之丧，将骨灰随身携带，以遂不忍分离之愿，这是时势所迫，不得已而为之。而今天下太平，八旗、蒙古各自安居乐业，为了敬重祖宗基业，丧葬礼节现在应该依照古时候的，原先的那些世俗偏远的旧习俗，如果现在还在使用，那是不清楚当时的社会环境所致。送死最为大事，怎能不因时而异，痛自猛醒呢？"因此，乾隆帝特意下谕旨明令规定：嗣后，除远乡贫人不能扶柩回里、不得已携骨归葬者姑听不禁外，其余一概不准火化。倘有犯者按例治罪。族长及佐领隐匿不报，一并处分。

康熙帝即位后，在学习汉族儒家传统丧礼、特别是明宫丧礼的基础上，故因时定制，取之精华，并通过补充和添加满族民族风俗特点的方式，才初步形成了清宫丧制，康熙帝终于开创了清朝帝王土葬之先河。自此，雍正帝等皇帝均开始沿用土葬，在此影响下，就连一些朝野臣民也改塞外火化风俗为汉化的土葬了。1994年，清西陵发掘了始建于雍正十三年（1735）、完工于乾隆三年（1738）的端亲王园寝，发现雍正帝长子弘晖依然是火化安葬的，这说明在乾隆朝初年还是有些皇子等级的人是依照旧制安葬的。

因此，景陵是清朝第一座实行棺椁入葬的帝王陵寝。而与火葬相关的满人旧俗：燔化，却依然被满族风俗所使用着，即将死者生前的衣物器用、珠宝珍玩和以纸帛扎糊的犬马帐篷等冥器以火焚烧，这种用生者与死者对话的方式寄托了对死者的敬仰，表达了让逝者安息之情。

第四章 景陵的地下宫殿

皇陵不仅是帝、后、妃亡灵安息所在，还是各封建王朝兴衰的反映，比较真实地反映了一些重大历史事件和宫闱秘事。它的神秘更是值得探究，只有真正走进去认真解读，我们才能了解它的故事。

康熙时代的结束

　　"人生的福气，富贵尊荣都算不得什么，最重要也是最难得的是享长寿而终千年。"这是康熙帝生前曾对大臣说的话，其话语中在包含着人生意义的同时，也包含着他心中难以言语的恐惧和无奈。

　　康熙四年（1665）九月初八日，康熙帝在十二岁的时候就举行了大婚，皇帝大婚标志着皇帝已经是成年人。这是一次因为政治而举办的婚礼，因为康熙帝大婚就意味着他即将可以亲理朝政大事，然而这样做的结果就造成了康熙帝多子多女。据记载，康熙帝有三十五个儿子和二十个女儿，共计五十五个子女，因为儿子很多，所以由哪个皇子继承皇帝位则成为康熙帝一生中最难处理的家国大事。

　　清朝皇帝的皇位继承没有采取汉族的嫡长继承制，简单地说就是原配妻子生育的长子继承制度。皇太极和顺治是清皇室贵族会议推荐的结果,而康熙帝则是孝庄文皇后和顺治帝采用遗诏形式确定的继承人。康熙帝在学习汉文化的同时,充分认识到"立嫡以长"和"立子以贤"的长处,决定确定"皇太子"制,这样的好处是避免皇帝死后引起皇位的血腥争抢。

任何事情都有两面性,康熙帝只是看到了立皇太子的好处,没有认识到这样的坏处,即皇太子权与皇权容易发生冲突,也容易引发皇太子与兄弟之间发生斗争,并由此产生对皇位的威胁。因为皇太子的地位仅次于皇帝本人,并且拥有自己的、类似于朝廷的东宫政治中心。东宫官员配置完全仿照朝廷的制度,还拥有一支类似于皇帝禁军的私人卫队"太子诸率"。这样,由于皇太子权力极大,很容易和皇帝的"皇权至高无上"发生冲突,从而导致被废或被杀。例如,汉景帝废栗太子、汉武帝诛杀卫太子等。而拥有强大的政治权力和军事力量的皇太子,由于不满皇帝的约束,也会叛逆乃至弑君。前者如卫太子不满汉武帝宠幸佞臣江充,发东宫兵欲诛之。后者如隋高祖的第二任皇太子杨广弑其父。

在我国,按照中国人的生活风俗和生活准则,多子、长寿被视为人生难得的福气,但这在康熙朝变成了一场灾难。康熙帝生前,成年且受册封的皇子就有二十人,而其中年龄较大者有十二人。每个人都想当皇帝,且还都有当皇帝的可能,而又偏偏康熙帝在确立皇太子的事情上反复多变,立了废、废了立,总是犹豫不决,导致他的皇子们在希望与绝望、绝望与希望中产生和加深了各种矛盾乃至血腥争斗,并因此产生了较大的三股政治集团:皇太子胤礽集团、皇八子胤禩集团和皇四子胤禛集团。这三大政治集团都或明或暗地争抢皇位,这令

晚年的康熙帝

康熙帝大伤脑筋和元气，为此他曾悲观地说："日后我死了，将我（尸体）放在乾清宫内，你们（指儿子）都别管我（尸体），相互争斗抢夺皇位吧！"康熙帝的担忧和悲观不幸被他言中了，只不过由于皇四子胤禛集团的政治手腕高明，这场令他想不到的更为血腥的屠杀在雍正帝胤禛即位后才开始，并因此引发了新皇帝继位是否合法和康熙帝的死因等问题，都成为历史上的新疑案。因为无法判断康熙帝的真正死因，所以人们用了逆向思维：如果雍正帝继承皇位不是合法的，那么，杀害康熙帝的就是雍正帝胤禛。

关于雍正帝即位是否合法，目前有三种说法：遗诏即位、篡改遗诏和无遗诏说，这三种说法又可细分为以下几种。

1.雍正帝改诏说。康熙帝要传位给十四子胤禵，雍正帝把"十"字改为"于"字，变成了"传位于四子"。雍正帝继位后，将十四子胤禵调回北京囚禁，皇太后要见，雍正帝不允，皇太后一气之下，撞柱而死。

2.隆科多改诏说。康熙帝要传位给十四子胤禵，病中降旨召远在西宁的胤禵回京。这道旨被步军统领隆科多隐而未发。等到康熙帝驾崩，隆科多假传圣旨立了皇四子胤禛。

3.隆科多改密诏说。康熙帝刚咽气，隆科多赶紧从正大光明

十四皇子胤禵

匾后取出立储密诏，把"传位十四皇子"改为"传位于四皇子"。遗诏被藏在正大光明匾后是从雍正朝开始的。

4. 雍正帝投毒篡位说。康熙帝在畅春园病重，皇四子进了一碗人参汤，康熙帝喝了汤就升天了，皇四子胤禛随之当了皇帝。

5. 年羹尧改诏说。雍正帝母亲私通于川陕总督年羹尧，入宫八个月就生下了雍正帝。改诏出自年羹尧之手。

对于雍正帝即位的研究，一直是清史研究中的重要课题之一。但许多说法在事实上是站不住脚的。如改"传位十四皇子"为"传位于四皇子"之说。清朝定满语为国语，康熙帝遗诏作为诏书，不可能只书写汉文没有满文。而改动满文并非易事。另外，根据用语规范，清朝档案中凡书写皇子时，均写为"皇某子""皇某某子"，目前在中国第一历史档案馆的一千余万件档案中尚未发现例外。这一来，"传位皇十四子"岂不是要改为"传位皇于四子"了吗？再者，那时候书写用字都是繁体字，而不是现在常用的简化字。

对于雍正帝参汤投毒的说法。有清史专家指出：康熙帝颇懂医道，他多次向臣下表示："北人于参不和。"即便雍正帝要做手脚，也必投其所好，怎么能进奉参汤？并且指出，皇帝的饮食都有专人尝试。然而据档案记载，康熙帝不仅不反对服用人参，还对祖母孝庄文皇后进参并对十四阿哥胤禵和很多大臣赐参。在后来为自己辩解的专著《大义觉迷录》中，雍正帝本人也承认曾给康熙帝进献过人参汤。

对于隆科多从正大光明匾后取改遗诏之说则不符合历史事实。因为，这种秘密立储的做法是从雍正朝才开始的。

至于年羹尧为雍正帝生父之说更属无稽之谈——雍正帝比年羹尧

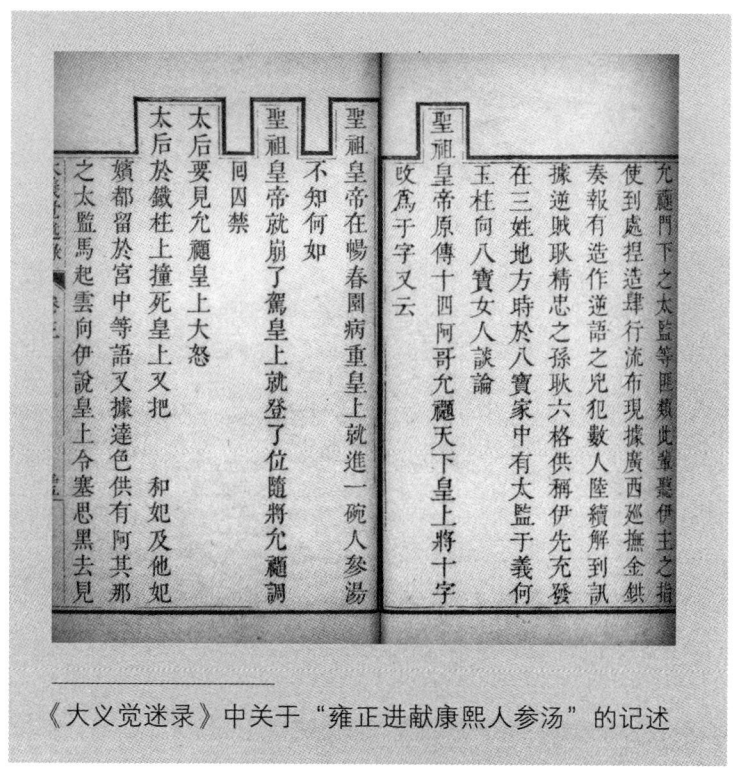

《大义觉迷录》中关于"雍正进献康熙人参汤"的记述

还要大三岁呢。此传说就更站不住脚了。

清史专家不断发掘历史史料，从康熙帝遗诏、太子废立、皇子党争以及康熙帝对皇子皇孙的好恶和雍正帝继位后的政治权术等诸多方面进行深入细致的分析考证。大多数专家学者得出的结论是：雍正帝的即位是合法的。

为了说明雍正帝是合法继承者，清史专家在浩瀚如云的清史档案中发现了这样一条记载：玄烨小殓（穿寿衣）时，胤禛亲自为皇父更衣。这是遵照康熙帝遗嘱，将孝庄文皇后亲自制作、赐予的衣服给穿上，然后将玄烨遗体放在黄舆内，连夜护送回紫禁城，将黄舆停放在乾清宫内。第二天戌时（晚八时许）大殓（即将遗体放入棺内）。梓

圣祖仁皇帝谥宝

圣祖仁皇帝谥宝文

宫停放在乾清宫正中，十一月十六日颁遗诏，十二月初三日梓宫奉安移到景山寿皇殿内暂安。康熙六十一年（1722）十一月二十八日，恭上庙号为"圣祖"，谥号为"合天弘运文武睿哲恭俭宽裕孝敬诚信功德大成仁皇帝"，简称"圣祖仁皇帝"。

康熙帝的过世，除了留下一个死因不明的历史悬案，带给他儿子的则是一次大的政治清理和洗脑行动。雍正帝利用手中的政治权力，通过一系列的方法和手腕，打击和消除了自己政治宿敌的同时，也进一步加强了封建统治者的政权巩固地位。一代明主康熙大帝的神武时代就这样不完整地在历史上画上了一个句号。

不管康熙帝死因如何，总之，历史是胜利者的记录，"胜者王侯败者贼"这是永远的真理。

雍正帝：我没有逼死太后

康熙帝葬入景陵地宫的时候，与他同时入葬的还有他的孝恭仁皇后，即雍正帝的生母。

说到雍正帝的生母葬入景陵，有机会祔葬在康熙帝的身边，这一切都与她的儿子胤禛当上皇帝有关。一是因为她的儿子是皇帝，母以子贵，她就是皇太后了，虽然之前不是皇后，但她的地位也随之升高，有了这个身份，就可以名正言顺葬入皇帝陵地宫。二是因为她又恰好死在康熙帝死亡之后、景陵地宫关闭之前。由于满足了这两个条件，雍正帝的生母就与康熙帝一同入葬了地宫。

说到雍正帝生母祔葬在景陵地宫这事，又不得不再提及雍正帝。因为民间盛传，孝恭仁皇后是被他儿子雍正帝逼死的。"雍正帝做了皇帝之后，遂将康熙帝十四子允禵调回监禁，皇太后要见允禵，雍正帝大怒，不允，皇太后于是撞死在铁柱之上。"为了解释这件事，雍正帝在《大义觉迷录》中反驳，自称母后是非常仁厚慈祥的人，非常喜欢自己，母后在皇父死亡后非常悲恸，决心绝食从死，是自己苦苦劝说母后吃饭休息的。

众所周知，坏人做了坏事，没有主动承认的。但凡解释，就说明确有传闻，并非空穴来风。据《世宗宪皇帝实录》记载，皇太后于雍正元年（1723）五月二十二日生病，而五月二十三日凌晨两点就死在了永和宫，终年六十四岁。皇太后患病一天就死了这事太过突然，加之与雍正帝的关系紧张，人们不得不对其死亡的原因产生怀疑。而通过雍正帝的辩解，更让人们知道他与皇太后的关系确实紧张。这些可以从以下四个方面看出。

一是要殉死。康熙帝晏驾后，生母要自杀殉死，追随康熙帝于九泉之下。这表明母子关系不和，与儿子过不到一起，生不如死了好。

二是拒绝搬家。慈宁宫是太后、太妃们颐养天年的场所。是民间所谓的"寡妇院"。清朝规定，这些先朝皇帝的未亡人只有年龄超过五十岁以后，才能与嗣皇帝见面。康熙帝死后，按照规定，尊皇帝的生母为皇太后，要从中路的东西十二宫中搬到慈宁宫居住。可是，雍正帝生母就是不搬，仍坚持住在东六宫之一的永和宫。

三是拒绝上徽号。康熙帝死后，雍正帝生母晋尊为皇太后，为皇太后上徽号，这是天经地义的事。雍正帝准备给母后上徽号"仁寿"二字，这本来是十分正常的事。可是，雍正帝生母以先帝梓宫尚未入葬山陵为理由，拒绝接受徽号。清朝并没有先帝梓宫未葬入山陵、皇太后不得上徽号的规定。

四是拒绝受礼。嗣皇帝在举行登基大典之前，要先给皇太后行礼，然后再升御太和殿，接受群臣的朝拜。礼部将这个礼仪上奏给雍正帝生母。她却不冷不热地说："我做梦都没有渴望我儿子当皇帝，皇帝受礼应当。但没有必要与我行礼，跟我没有关系。"

从以上就可以看出来，雍正帝生母当时并不是配合雍正帝登基礼仪的，她用行动拒绝着雍正帝。也就是说，雍正帝的确劝说了皇太后，皇太后也吃了饭，但事后是以死的方式作出了最后的了断。这就表明，她不齿与雍正帝为伍，羞耻有此子，还为了证明自己不与雍正帝等人同流合污，保持了自己一世的清白。但又不能不尊重新皇帝，于是只能先听劝解，然后再死。

笔者认为，孝恭仁皇后是自杀的。她性情忠诚耿直，康熙帝死后，她的儿子当了皇帝，对此她表示怀疑。由于性格关系和政治环境原因，此时她的处境很是尴尬，一方面是丈夫死的原因不明不白，皇位的继承者超出想象。另一方面皇位的继承人是自己的儿子，这个儿子又对亲兄弟下黑手，包括自己的亲弟弟。两方面都是至亲和最亲之人，她不相信丈夫让他的大儿子当皇帝，更不允许两个儿子之间相害。她无法面对这样的事实，也无法处理这样的事情，经历一哭二闹后，只能为了真理不惜用生命维护，选择重义轻生，用死的方式逃避现实，眼不见心不烦。对于她的死因，不排除是撞柱子而死，因为半夜人少防护薄弱，便于自杀。清白对于一个正直不阿的人来说，比生命还重要。

最后介绍一下，雍正帝所著《大义觉迷录》是一本什么样的著作。

《大义觉迷录》刊发于雍正七年（1729），是中国历史上最高封建统治者编纂的一部很有特色的文献，其中保存了许多珍贵的历史资料。主要内容有上谕十道、审讯词和曾静口供四十七篇、张熙等口供两篇，后附曾静《归仁说》一篇。雍正明令将《大义觉迷录》刊行天下，是出于政治宣传的需要。其中上谕和审讯词对研究雍正其人及其政治主张，提供了不少线索。然而，《大义觉迷录》所收材料都是有选择性的，书中所收上谕有一部分见于《世宗宪皇帝实录》，但其中涉及皇位继承问题的内容已被删去；审讯词、口供和《归仁说》则不见于他书。曾静致岳钟琪书的部分内容见于雍正帝的有关上谕，全文始终没有公布。并且还部分揭示出当时诸皇子争夺王位、雍正帝得位及其后的相应措施等具体细节。凡此种种，都给后人留下了许多问号。所以它的刊布并未能收到预期效果，反而在实际上传播了对清王室极为不利的言论，因此在乾隆帝即位之初即下令禁毁了此书。

康熙朝这样结束

　　康熙六十一年（1722）十一月十三日戌时，康熙帝在北京西郊畅春园去世。尽管他的死因留给后人太多的疑问，然而这丝毫不影响他的葬礼正常举行。

　　康熙帝死后的当天夜里，胤禛痛哭得趴倒在地上，很久才被扶起

畅春园遗址

来，并亲自为康熙更换寿衣。接着，胤禛以皇帝的身份下令七阿哥允祐守畅春园，十二阿哥允祹先行回京陈设灵堂，又命十六阿哥允禄和世子弘升护卫宫禁，十三阿哥与隆科多负责由畅春园至紫禁城沿途的护卫。雍正帝则亲自随盛放康熙帝尸体的黄舆回宫。

第二天，在乾清宫为康熙帝行大殓礼。胤禛特令诸王贝勒、文武大臣进乾清门，公主、王妃进乾清宫瞻仰康熙帝遗容，自己则捶胸顿足，哀伤呼号。在东厢房颁发遗诏，之后颁布祭祀、丧事礼仪等。

康熙六十一年（1722）十一月二十日，四十五岁的皇四子胤禛登极正式继承皇帝位，是为雍正帝，年号雍正。寓意雍正帝的皇位来得端正，做君也端正。

康熙帝梓宫在乾清宫停放了二十天，于十二月初三日移至景山寿皇殿。群臣在共议康熙帝梓宫安放之处时，有人曾建议停放中南海或郑家庄。雍正帝认为，此二处离宫禁甚远，心中不忍。考虑顺治帝死时梓宫曾停在景山寿皇殿，为了祭奠方便，于是决定将康熙帝梓宫也移到此处。为此，朝中举行了隆重的奉移礼，烧纸锭二万、纸钱六万、五色钱锭五万，烧酒饭二十桌、整羊九只。王公大臣按等级分别在梓宫经过的东华门外南池子口、东安门内大街、骑河楼口、沙滩口等地跪送康熙梓宫。康熙帝梓宫出景运门后，安置在八十人抬的大升舆上，雍正帝亲自送至景山寿皇殿。在这之后，雍正帝每日三次到寿皇殿祭奠上食，时间长达一月之久。

二十七天除服后，雍正帝发布谕旨说："乾清宫是皇父生活六十年的地方，朕居住在这里，心里实在不好受，朕决定居住月华门外养

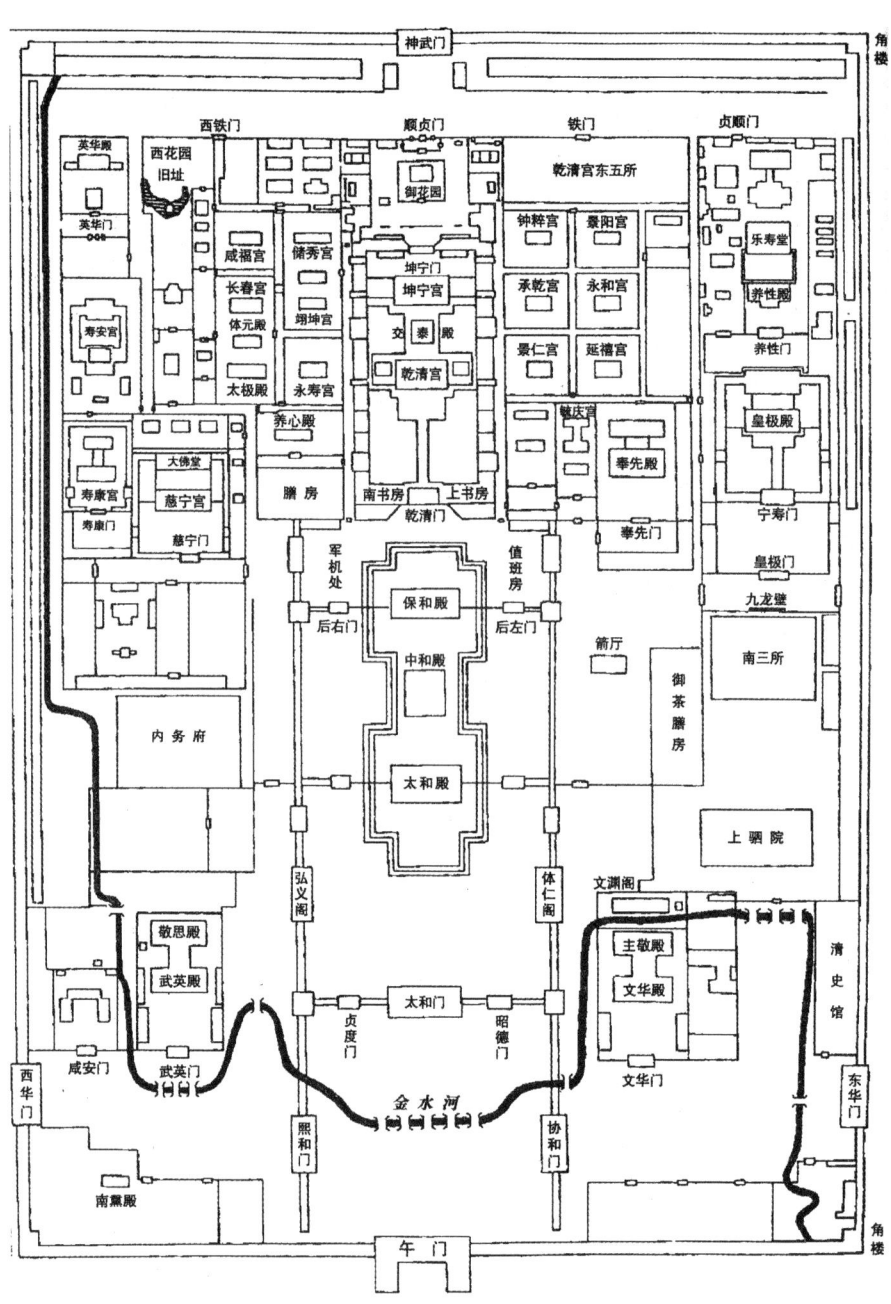

紫禁城平面示意图中的养心殿和乾清宫的位置

寿皇殿

养心殿

养心殿宝

养心殿东暖阁内景

心殿。"雍正帝搬到养心殿居住后，养心殿成为后世清帝居住的寝宫。为了追念康熙帝，雍正帝在圣祖崩后的一个月，即命善于绘画的莽鹄立绘画圣祖圣容。绘成后，于雍正元年（1723）四月十五日将圣祖圣容供奉在景山寿皇殿内。不久，雍正帝又将其生母孝恭仁皇后圣容供奉于寿皇殿，并制定了一系列祭祀制度。

不仅如此，雍正帝还考虑到太庙、奉先殿虽然供有皇父和生母孝恭仁皇后的神牌，但到那里去上香行礼是受日期规定限制的，不是哪天去都可以的。如果将神牌供设在皇帝寝宫养心殿的东佛堂内，则可以每天早晚随时去瞻礼膜拜，极为便利。于是，他就将康熙帝和孝恭仁皇后的神牌供奉在养心殿东佛堂，经常到那里瞻拜。这一做法成为制度，于是以后各清帝均仿照雍正帝的做法，将皇父和生母的神牌供奉在养心殿。

当时间转到雍正元年（1723）三月二十七日，康熙帝梓宫在雍正帝及皇太后、皇后、妃嫔等人的护送下，才开始移往遵化境内的东陵。

北京到遵化景陵大约二百五十里，于是在沿途设芦殿五座，供人休息停宿。芦殿设有网城、旌门、黄幔城及停梓宫的场所。雍正帝率诸王大臣亲自护送，皇太后率皇后、妃嫔等走另一条路，傍晚到停宿地汇集。每天早晚，均在黄幔城外陈设卤簿，行朝典礼、夕典礼，百里以内文武官员都赶来跪迎、举哀。沿途穿门过桥，还派大臣祭酒、烧纸钱。康熙帝梓宫由数千人组成的杠夫队伍分六十班轮流换班抬送到景陵。四月初二日，康熙帝梓宫到达景陵后，一直停放在隆恩殿。九月初一日葬入景陵地宫，同时葬入地宫的还有孝恭仁皇后、敬敏皇

乾隆朝绘制的景陵图

贵妃。

自此，景陵地宫葬入了所有应葬入的主人之后，正式关闭了。康熙朝被定格在了清东陵的景陵。大清国又开始谱写了历史新篇章。

有趣的地宫棺位位置小探

在景陵地宫里，除了康熙帝之外，还葬有四位皇后、一位皇贵妃，共计六人，她们的身份地位和死亡时间不同，在我国等级森严的封建社会，这些人的棺椁在地宫如何摆放很值得研究和探讨。

对于这个问题，网上的一些爱好者的谈论很有意思。

乌云珠："这是我对'清陵地宫棺位推断'的看法，发上来供大家看看。"

顺治帝的孝陵：由于清初保持着关外火葬的习俗，地宫中为三个骨灰坛。顺治居中，孝康章居左，孝献居右。

康熙帝的景陵：景陵地宫中祔葬有四位皇后和一位皇贵妃。我个人推断，除了敬敏以外，其余四位皇后地宫中棺位的尊次，正好与她们去世时间的先后一致。康熙居中，孝诚仁居左，孝昭仁居右，孝懿仁居次左，孝恭仁次右，敬敏皇贵妃在左侧的垂手宝床上。

雍正帝的泰陵：泰陵地宫中一共葬有三人，雍正帝居中，孝敬宪皇后居左，敦肃皇贵妃居右或者在左侧的垂手床上。

嘉庆帝的昌陵：嘉庆帝居右，孝淑睿皇后居左。

道光帝的慕陵：道光帝居中，孝穆成皇后居左，孝慎成皇后居右，孝全成皇后居次左。

咸丰帝的定陵：咸丰帝居中，孝德显皇后居左。

同治帝的惠陵：同治帝居中，孝哲毅皇后居左。

光绪帝的崇陵：光绪帝居中，孝定景皇后居左。

星光灭绝："我看到徐广源老师在《清西陵史话》上说，'乾隆初，雍正帝、孝敬皇后、敦肃皇贵妃的棺椁即将入葬，曾经向乾隆帝生母崇庆太后请旨是否要在泰陵地宫给她留下棺位，皇太后旋即决定不留空位。'所以棺椁奉安地宫时，敦肃皇贵妃金棺就摆放在了雍正的右侧（西），但是比左侧的孝敬宪皇后棺椁稍微靠后，显示尊卑有序。"

乌云珠："我也认为将敦肃皇贵妃放在一侧似乎不妥，因为地宫中除了皇帝只有一位皇后，没必要将她放在一侧。"

广林真弓："崇陵就没有什么好研究的了，地宫都开放了……而且有图片可以看得到的……其他的我都不反对的……不过毕竟是猜测，一切要打开了地宫才能知道的。"

星光灭绝："好像存在这么一种说法：景陵地宫的棺椁排列，以康熙帝梓宫居东头，孝诚、孝昭、孝懿、孝恭四位皇后梓宫、敬敏皇贵妃金棺由东向西依次排列。不知道是不是真的呢。"

爱好者："我也曾经看到类似的说法，但我又感觉不太可能，因为地宫的金井在正中间，康熙帝的应当在金井的正上方。"

可以看出，网友们的这些讨论是很有见解的，笔者也是认为对于康熙帝景陵地宫来说的，除了皇贵妃的等级身份低了些，其他的四位皇后是按照她们死的时间顺序排列的，按照左尊右卑的列序排列如下：康熙帝居中，孝诚仁皇后居左，孝昭仁皇后居右，孝懿仁皇后居次左，孝恭仁皇后次右，敬敏皇贵妃在左侧的垂手宝床上。

然而，徐广源对敬敏皇贵妃棺位位置的看法是西垂手棺床。理由简单又明了，因为敬敏皇贵妃神牌位置在隆恩殿的西暖阁。

后来，笔者又想到这么一个很实际的问题：当初建景陵地宫的时候，康熙帝是为了安葬皇后才建的，当时考虑过地宫安葬人数的限制吗？因此这就涉及棺床的形状，若棺床就是一字形，不是凹形，也就是说，景陵地宫建得特别早，其是否有东西垂手棺床呢？目前对景陵地宫棺床的猜测，均是通过对裕陵地宫的对比，但这并不能确定是正确的。因此，应先确定景陵地宫棺床形式，再来看景陵地宫棺椁位置图。

第五章 景陵地宫
的秘密

康熙帝在位六十一年，一方面用文治武功治理天下，另一方面也造成他后宫女人数量大量增加。其中康熙帝的皇后先后就有四位，且身世各有特点。因此她们有资格葬入皇帝陵，陪伴在康熙帝身边。但景陵地宫还葬有一位皇贵妃，这种合葬只能称为"祔葬"。康熙帝与这五位女人的故事又是如何的呢？

康熙帝：英明又糊涂

在中国封建社会两千多年的漫长时间里，皇帝是国家的最高统治者，是封建专制统治的象征与代表。

那么，"皇帝"这个词语是怎么来解释的呢？

皇帝名号来自"三皇五帝"。"三皇"指天皇、地皇、人皇，是传说中的远古帝王；"五帝"指黄帝、颛顼、帝喾、唐尧、虞舜，是传说中的华夏民族领袖人物。公元前221年，秦王嬴政统一了中国，认为自己"德兼三皇，功过五帝"，"帝"或"皇"都不足以显出他的功绩，只有称作"皇帝"才行，遂决定将三皇、五帝的名号合一，自称"皇帝"。从此，"皇帝"一词就成为封建帝王的称号。秦王嬴政还废除旧有的谥法，他自称"始皇帝"，子孙继位，为二世、三世，至千万世，传之无穷。于是，在中国便连续出现了皇帝的称号，这种称号一直沿用了两千多年，直到 1912 年清朝被推翻。

每一朝的皇帝，代表的不仅仅是一个国家、一个政权，还代表着当时社会的军事和经济。研究历史上的一个朝代，基本都是从研究当时的政权人物开始的，因此有必要介绍一下康熙帝。

康熙帝，名玄烨，自号体元主人，是世祖顺治帝的第三子，生于顺治十一年（1654）三月十八日巳时，生母孝康章皇后佟佳氏，出生地点在紫禁城景仁宫，死于康熙六十一年（1722）十一月十三日。"康熙"是他的年号，其中"康"表示"安宁、平静"的意思；"熙"则表示"兴盛繁荣"。"康熙"这两个字合在一起就是"万民康宁、天下兴盛"的意思。

康熙帝名叫玄烨，那么"玄烨"二字有什么含义呢？原来，这与四百多年前紫禁城里一个叫汤若望的西洋人有关系。顺治帝与他的关系非同一般，称此人为"玛法"，康熙帝出生的前一年，顺治帝赐予汤若望"通玄教师"之封号，加俸一级。三年后，也就是顺治十四年（1657），顺治帝又为汤若望御撰《天主堂碑记》一文，并赐"通玄佳境"堂额。可见，在康熙帝玄烨出生前后的三四年间，"玄"字在顺治帝的心目中是十分重要的，儿子的名字里带着"玄"字，

康熙帝青年时期像

给洋"玛法"的赐物里两次带有"玄"字，它是汤若望传授的包括天文、历法、机械以及天主教信仰在内的、为顺治帝深深服膺的一套学说。"玄烨"之"玄"，乃汤若望所传学问之总称也。"玄烨"者乃祝愿洋"玛法"所传学问辉煌光大之意。

顺治帝于顺治十八年（1661）正月初七日驾崩之后，正月初九日玄烨即皇帝位于太和殿，时年八岁。遵照顺治帝遗诏，以内大臣索尼、苏克萨哈、遏必隆、鳌拜四臣辅政。康熙四年（1665）九月初八日大婚，册立索尼的孙女、内大臣噶布喇的女儿赫舍里氏为皇后，当时康熙帝只有十二岁。康熙六年（1667）七月初七日亲政，康熙八年（1669）将鳌拜革职拘禁，康熙十二年（1673）下令撤藩。三藩继而起兵叛乱，清政府全力平叛，到康熙二十年（1681）叛乱被平定。两年后清军又攻灭台湾郑氏政权，并驻军屯守，备御西方殖民者的侵

《康熙帝南巡图卷》（康熙帝临河场面）

略。康熙二十四年（1685），出兵驱逐盘踞在黑龙江流域雅克萨的沙俄侵略军，遏制了沙俄的对华侵略野心。康熙二十八年（1689）派索额图等与沙俄签订了《中俄尼布楚条约》，确定了中俄之间的东段边界。当时准噶尔部的首领勾结沙俄，发动叛乱，康熙帝三次御驾亲征，平息了叛乱。康熙晚年，又派兵平定了西藏少数上层分子勾结准噶尔的叛乱，从而加强了国内各民族的统一。

康熙帝在位期间，重视农业生产，奖励垦荒，收抚流民，停止圈地。他任用靳辅等名臣治理黄河，减轻水患，保证大运河的通畅，下令进行全国性的土地测量，绘制《皇舆全图》，开博学鸿词科，设明史馆，编纂《全唐诗》《佩文韵府》《康熙字典》《古今图书集成》等多种书籍。他提倡程朱理学，下令禁止人殉。他屡兴文字狱，镇压反清思想。他在位期间，曾六巡江南，四出塞北，五幸五台山，一次东巡，一次西巡，三次谒盛京。

康熙帝是我国历史上一位具有雄才大略和远见卓识的英明君主。他聪颖好学，手不释卷，博闻强记，才华横溢。他深谙军事，精于骑射，是一位马上皇帝。他精通儒家经典，能诗文，擅书法。同时，他对西方的自然科学极感兴趣，对天文、地理、几何、数学、医学颇有研究。他勤于政务，数十年如一日。他曾说：现在天下大小事情都是我一个人管理。若是将事情分给别人管理，那是万万不可以的。所有事情我都要亲自过问，亲自处理，只有这样才放心。他是这样说的，也是这样做的，因此，康熙帝是我国历史上最勤政的皇帝之一。

康熙帝事亲至孝。他八岁丧父，十岁丧母，是在祖母孝庄文皇后和母后孝惠章皇后无微不至的照看下成长起来的。康熙帝为了报答她

几何体比例规

康熙年制，铜镀金。长33.3厘米，宽6.2厘米，厚0.7厘米。故宫博物院藏。

比例规是一种便于计算的数学工具，最初是由意大利科学家伽利略发明的。此为清宫造办处制造。

十二位盘式手摇计算机

康熙帝学习时用的几何体比例规

御用数学用表

康熙帝用的数学用表

们的抚育之恩，对她们非常孝顺，被誉为"天家盛事"。康熙帝从不神化自己，他曾说："我出生的时候，并没有神灵之处，朕之生也，并无灵异；以后长大了，也没有超乎寻常的地方。亦无非常。"他先后八次拒绝大臣们给他上尊号，这在封建帝王中是罕见的，也是难能可贵的。

以上这些都是康熙帝最英明之处。

康熙帝糊涂之处在于——他的家务事太复杂，难以处理，他也一直没有处理好，这主要体现在他立废皇太子的问题上。

由于康熙帝早婚且后妃众多，其最直接的后果就是，子女太多，三十五个儿子中，光二十岁以上的就有十四个，这些皇子谁都想当皇帝，谁都有条件。皇二子胤礽的太子位两立两废的这么一番折腾，其他皇子的希望破灭了又有，这就造成皇子间拉帮结派、内斗不止。最终的结果就是康熙帝不明不白地死去，皇四子胤禛即位，其余皇子死走逃亡，兄弟间残杀，亲戚牵连，大多数皇子都没有好的下场。所有的一切皆是因康熙帝优柔寡断，没有处理好家务事。根本原因就是他对待继承皇位的问题上，反复无常，思考不周。康熙帝因为谨慎而多疑，优柔寡断，始终拿不定主意。这也是导致他的死因成为历史谜案的原因。

与康熙帝合葬的四位皇后

"皇后"是位号，与皇贵妃、贵妃、嫔等称谓的性质一样，是皇帝后妃中的八个等级的最高一等，也可以说，是一种代表身份和地位的尊称。《汉书·外戚传》说："皇帝母亲称皇太后，祖母称为太皇太后，适称皇后。"古人认为，皇后也是君王。天为皇天，地为后土，所以皇帝的正妻就应该称为"皇后"。即皇帝为天和皇后为地为二仪，主管不同阶层的众生，即人世间的男女君主。

在清朝，什么样的女人会成为皇后呢？

据笔者研究，在清朝能成为皇后有两种途径。

一是当朝皇帝所立。即皇帝原配福晋，通过大婚所获取的资格；原配皇后死后，会册立新皇后，后人称为继后，这两类正妻都是被冠以皇后称号的。如光绪帝、康熙帝、同治帝，他们通过大婚以后选立的皇后。

二是当朝皇帝死后，
嗣皇帝尊生母为皇太后，
母以子贵（如慈禧）以及
对嗣皇帝有特殊抚养功劳
的母妃，也可以尊为皇太
后。这两种情况都是因为
皇帝生前没有立其为皇
后，但是因为嗣皇帝追尊
为皇太后而获得了皇后称
号的。即她们在当皇太后
前并没有正式的皇后称号，

皇后之宝

只是因为有了皇太后身份而为皇后的，但是她们只能在死后被称为
"×××皇后"。如孝静成皇后，抚养过咸丰帝被追尊皇太后，自然也
就成了道光帝的皇后了。

既然如此，那么康熙帝有四位皇后就好解释了，即他的这四位皇
后，既有册立皇后也有继后和追尊皇后。下面就根据档案介绍一些这
四位皇后的身世。

孝诚仁皇后，结发之妻。孝诚仁皇后，赫舍里氏，满洲正黄旗，
生于顺治十年（1653）十二月十七日，她的祖父索尼是四朝元老，位
居康熙初年的四大辅臣之首，父亲噶布喇是领侍卫内大臣。康熙四年
（1665），太皇太后不顾权臣鳌拜的阻挠，决定立这位大清功臣的女儿
为皇后，七月初七日行纳聘礼，九月初八日举行大婚礼，正式册立为

中宫皇后。当时孝诚仁皇后刚刚十三岁，康熙帝玄烨刚十二岁，实际上孝诚仁皇后只比玄烨大三个月。婚后，小夫妻格外恩爱，相敬如宾。康熙八年（1669）十二月十二日，孝诚仁皇后为康熙帝生了一个皇子，名叫承祜。在这之前，庶妃马佳氏已生了皇子承瑞，承祜排行为皇二子。后来承瑞在康熙九年（1670）夭折了，承祜成了事实上的皇长子；又因为是皇后所生，属于嫡出，加上承祜英俊聪明，所以，孩子颇受喜爱，被视为掌上明珠。未想到承祜只活到四岁就死了，给康熙帝和孝诚仁皇后以极大的精神打击。两年以后，即康熙十三年（1674）五月初三日，孝诚仁皇后又生了一个皇子，康熙帝欣喜若狂，为使这个皇子平安无事，仿照汉人做法，给他起了一个乳名叫保成，大名叫胤礽。因为胤礽在出生时，他的六个兄长中已死了五位，所以胤礽排行为皇二子。胤礽是上午十时生的，因为是难产，孝诚仁皇后在当天下午四时就死在了坤宁宫，年仅二十二岁。孝诚仁皇后是清朝唯一的因难产而死的皇后。

孝诚仁皇后死的时候，康熙帝尚未建陵。但为了安葬皇后，康熙帝特意在清东陵的孝陵附近相度万年吉地，并先建地宫。康熙二十年（1681）二月十九日，孝诚仁皇后和孝昭仁皇后的梓宫一同移往山陵，康熙帝亲自沿途

皇太子胤礽

废太子胤礽园寝墓碑残破的龟趺

护送，三月初八日凌晨四时，两位皇后梓宫正式入葬景陵地宫。

　　经雍正、乾隆、嘉庆三朝加谥，孝诚仁皇后的谥号全称是"孝诚恭肃正惠安和淑懿恪敏俪天襄圣仁皇后"，简称"孝诚仁皇后"。

　　孝昭仁皇后，辅臣之女，钮祜禄氏，满洲镶黄旗，她的祖父是清朝著名开国功臣额亦都，被封为弘毅公，配享太庙。她的父亲遏必隆是清初的著名将领，屡立战功，是顺治帝临终任命的四大辅政大臣之一，后来被尊为太师。

　　孝昭仁皇后幼年就被选入皇宫，封为妃。孝诚仁皇后死后，康熙

139

孝昭仁皇后常服半身像

十六年（1677）八月二十二日，派大学士索额图为正使，大学士李蔚为副使，持节正式册立钮祜禄氏为皇后。无奈红颜薄命，福分太浅，钮祜禄氏刚当了半年皇后，就于次年二月二十六日病死于坤宁宫。钮祜禄氏死后，康熙帝辍朝五日，在丧期内，几乎天天到梓宫前奠酒、举哀。因为当时正处于平定三藩叛乱的战争年代，康熙帝下令免直隶各省文武官员齐集举哀、制服及遣官进香等活动。出征的王、贝勒及各官员的福晋免服丧服、摘耳环、剪发。孝昭仁皇后死后两天，梓宫从坤宁宫移到武英殿暂安。三月二十五日从武英殿移到巩华城殡宫。康熙二十年（1681）二月十九日，孝昭仁皇后的梓宫与孝诚仁皇后的梓宫一同移往遵化东陵，于三月初八日寅时葬入景陵地宫。经雍正、乾隆、嘉庆三朝加谥，其谥号全称是"孝昭静淑明惠正和安裕端穆钦天顺圣仁皇后"，简称"孝昭仁皇后"。

孝懿仁皇后，康熙帝表妹，佟氏，初为八旗汉军，以后抬入满洲镶黄旗，改为佟佳氏。皇后身份尊贵，号称"天下第一夫人"，所以出身地位也应出在八旗的上三旗。清制，八旗有上三旗和下五旗之分，上三旗指的是镶黄旗、正黄旗和正白旗。其余的镶白、正红、镶红、正蓝和镶蓝等旗，则属于下五旗。上三旗由皇帝亲自统率，故其政治地位高于下五旗。但在实际操作选皇帝后妃时，才德俱备的下五旗秀女也是被选为皇后的范围；或者出身下五旗的妃嫔，生的儿子当了皇帝的，母以子为贵，于是这个妃嫔也就是皇太后了，那她们的旗籍就可以被升为上三旗。但按照清朝的制度，旗籍在一定条件下是可以变更的，即可由下五旗升入上三旗，称为"抬旗"。

孝懿仁皇后的姑母是康熙帝的生母孝康章皇后，民间称作"姑做婆"，她的父亲佟国维既是康熙帝的舅父，也是康熙帝的岳父。康熙十六年（1677）八月二十二日佟氏被册封为贵妃。康熙二十年（1681）十二月二十日被晋封为皇贵妃，康熙二十二年（1683）六月十九日生皇八女，但此女一个月后就死了。

康熙二十八年（1689）七月初，佟氏得了病，而且很重，皇太后

孝懿仁皇后谥册

孝懿仁皇后谥宝

孝懿仁皇后谥宝文

知道了这件事后，非常关心和怜惜，联想起佟氏多年来抚育众皇子，勤勤恳恳，无微不至，任劳任怨，非常不易；又想到自孝昭仁皇后死后，十多年来，中宫久虚。因此皇太后给康熙帝下了一道懿旨，建议立皇贵妃佟氏为皇后。康熙帝遵照皇太后懿旨，于七月初九日发出谕旨，宣布正式册立皇贵妃佟氏为皇后。皇帝册封妃嫔，从发出谕旨到行册封礼，一般需要几十天甚至几个月的时间，而册立皇后所用的时间则更长。这次因佟氏已病势垂危，情势急迫，经过昼夜紧张准备，在谕旨发出后的当天，即七月初十日上午就举行了册立礼，颁诏全国。佟氏实在命舛福薄，在被立为皇后的当天下午就与世长辞了。虽然她只当了两天皇后，但她的丧葬礼仪则完全按皇后的等级办理。佟氏死后，康熙帝很悲痛，辍朝五日，穿孝服十天。九月二十二日行册谥礼，谥号为"孝懿皇后"。

孝懿仁皇后梓宫先停放在承乾宫正殿，同年七月十三日将梓宫移到朝阳门外殡宫，十月十一日梓宫奉移山陵，康熙帝亲自护送。十月二十日上午十时，孝懿仁皇后梓宫葬入景陵地宫，康熙帝再一次亲临景陵，为孝懿仁皇后奠酒。经雍正、乾隆、嘉庆三朝加谥，孝懿仁皇后的谥号全称为"孝懿温诚端仁宪穆和恪慈惠奉天佐圣仁皇后"，简称"孝懿仁皇后"。

孝恭仁皇后，雍正帝生母，乌雅氏，满洲正黄旗，生于顺治十七年（1660），其父是护军参领威武。十多岁就被选入了皇宫，成为皇帝众妃嫔中地位比较低下的嫔御。康熙十七年（1678）十月三十日生下了一个非同寻常的皇子，母以子贵，从而使她列入了清朝皇太后的队伍之中，有幸葬入景陵地宫。这位皇子就是大清国入关后的第三帝清世宗雍正帝。那年乌雅氏十九岁，自此以后地位不断上升。康熙十八年（1679）十月十三日被册封为德嫔，康熙十九年（1680）二月初五日生皇六子胤祚，康熙二十年（1681）十二月二十日被册封为德妃，康熙二十一年（1682）六月初一日生皇七女，康熙二十二年（1683）九月二十二日生皇九女固伦温宪公主，康熙二十五年（1686）闰四月二十四日生皇十二女，康熙二十七年（1688）正月初九日生皇十四子胤禵，即后来的抚远大将军、恂郡王。康熙帝驾崩后，乌雅氏痛不欲生，饮食俱废，要以身殉死，追随康熙帝于九泉之下。雍正帝跪在乌雅氏面前，一边哭一边苦苦哀求，乌雅氏仍然不吃不喝。雍正帝最后表示：如圣母仍坚持要殉死，那么，他这个皇帝也不当了，也随圣母一起死。在这种僵持情况下，乌雅氏才被迫答应不殉死，恢复了饮食。雍正帝即位初期，政治斗争很复杂。当时传说雍正帝把他的政敌、同母弟胤禵调回京师后软禁起来，乌雅氏想见一见胤禵，雍正帝不让见，乌雅氏一气之下，一头撞死，故有逼母之说。针对这个传闻，雍正帝曾在《大义觉迷录》中为自己进行了辩解。但最终事与愿违，大有欲盖弥彰之嫌疑，雍正帝弄巧成拙，愈描愈黑，留下一段历史上亲生母亲被逼死的疑案。自雍正帝即位以后，立即尊其生母乌雅氏为皇太后，并拟定了"仁寿"二字的徽号，但是还未来得及举行上徽号礼，乌雅氏就于雍正元年（1723）五月二十三日过世了，享年六十四岁。乌雅氏共生育了六个儿女，在康熙帝的四位皇后中生育子女最多。乌雅氏死后其梓宫停放在宁寿宫正殿，五月二十六日移到景山寿皇殿。八月十二日行上谥礼。因为乌雅氏死时康熙帝的梓宫还停在景陵隆恩殿内，没有葬入地宫，所以她得以与康熙帝合葬于景陵。雍正元年（1723）八月十八日乌雅氏梓宫奉移山陵，九月初一日与康熙帝一起葬入景陵地宫。经乾隆、嘉庆两朝加谥，谥号全称为"孝恭宣惠温肃定裕慈纯钦穆赞天承圣仁皇后"，简称"孝恭仁皇后"。

祔葬：来头不小的皇贵妃

　　景陵地宫还葬有一位皇贵妃，她就是敬敏皇贵妃章佳氏。皇后葬于皇帝陵被称为"合葬"，因为皇贵妃级别低于皇后，故被称为"祔葬"。因此景陵地宫开启了清朝皇帝陵葬入皇贵妃的先例。

　　据记载，敬敏皇贵妃死后仅是敏妃，是入葬景陵地宫前晋升的。那么这件事情就有点意思了，死后二十四年的敏妃不但被晋封为皇贵妃，且从景陵妃园寝迁葬景陵地宫。在景陵妃园寝内有比敏妃更为尊贵的皇后之妹温僖贵妃。还有比她入宫更早、生育皇子皇女更多的荣妃，然而只有敏妃不但位号升了两级，而且还荣获了祔葬景陵的殊荣，她有什么样的来头呢？

　　敬敏皇贵妃，章佳氏，镶黄旗满洲，出生时间不详，是参领海宽的女儿。入宫后被封为妃，康熙二十五年（1686）十月初一日生皇十三子胤祥，康熙二十六年（1687）十一月二十七日生皇十三女和硕温恪公主，康熙三十年（1691）正月初六日生皇十五女和硕敦恪公主。康熙三十八年（1699）七月二十五日，这位生育了一男二女的皇妃过世。康熙帝对这位温良柔顺的皇妃怀有特别的深情，于是在章佳氏死后七天，康熙帝赠章佳氏谥号"敏妃"。在清朝，除了皇太极的宸妃海兰珠外，妃子获谥则极罕见，这足见康熙帝对敏妃的喜爱。

敏妃死后不久的同年九月初，死期还未满百日时，康熙帝的第三子诚郡王胤祉擅自剃了发，被人告发。这就是发生在康熙朝有名的剃发案。

在清朝，凡是男子都必须把头的前半部的头发剃掉，把后半部的头发编成一条辫子，前半部的头发一长起来，就要及时剃掉，长期保持光光的。人们对这种发式早已习以为常，如果不及时剃掉，反倒觉得不舒服。但是如果遇到皇太后、皇帝、皇后去世等国丧，上至亲王，下至庶民，在百日以内不得剃发。如果皇帝的妃子薨逝，皇帝指派的皇子、王公大臣、办理丧事的官员以及有关人员在百日内也不得剃发，以此表示对死者的哀悼和敬意。否则则以大不敬严惩，重者杀头，轻者削职为民或流放。

因此，当康熙帝闻知皇三子在敏妃大丧期间剃发，顿时大怒，立即降旨将胤祉拘禁在宗人府，让大臣对胤祉严加议罪。办理胤祉王府事务的两个侍郎及王府的长史因对胤祉的违制行为不能劝阻，也被锁拿入狱，从重议罪。众大臣遵照康熙帝的旨意，经会议，拟对胤祉等人做如下处理：革去胤祉的王爵。将办理王府事务的刑部左侍郎绥色、右侍郎辛保、王府长史马克笃、一等侍卫哈尔萨全部革职，戴上刑枷，示众三个月。每个人鞭打一百，不准折赎。康熙帝看了大臣拟的处理意见后，朱笔一挥，做了如下最后处理：胤祉从宽革去郡王，降为贝勒。辛保、马克笃、哈尔萨俱革职，鞭一百允许折赎。绥色自任侍郎以来，实心效力，从宽免罪，仅将管理王府事务的差使革去。

从以上所说就可以看出，康熙帝对敬敏皇贵妃很是喜爱，对她的丧事很是关注和重视，但不管怎么喜欢和重视，康熙帝对于敬敏皇贵妃的位号仅是"妃"等级，这与皇贵妃等级还是差了两级。但敬敏皇贵妃无论如何做梦都想不到的事竟然发生了，在她死去二十四年后，她的身份地位再次提高，不过这次的恩宠却是来自于雍正帝，她沾了儿子的光，受儿子影响，再次上演了一次母以子为贵的皇恩，因为她的儿子胤祥是雍正帝的心腹、得力帮手。

雍正元年（1723）正月二十六日，雍正帝发布谕旨，决定将敏妃葬入景陵地宫，并追封为皇贵妃。当时，雍正帝是这么说的：当初皇父建妃园寝的目的就是为了安葬诸位母妃，唯独敏妃一个人，皇父曾经说是暂时安于陵寝琉璃花门以内之处，等待葬入宝城。现在我遵循皇父的意思，将敏妃葬入宝城内。在宝城内安葬仅有敏妃一个人，故此应追封为皇贵妃。

仅看雍正帝的语言，将敬敏皇贵妃葬入景陵地宫，是康熙帝的意思。其实这是雍正帝为了避嫌，甩锅给康熙帝的一个手腕，以此混淆是非，保全自己正直的名声，证明自己所给敏妃的殊荣都是得益于康熙帝，自己只是做了一个顺水人情，非自己本意。

雍正元年（1723）六月二十五日追封敏妃为皇考敬敏皇贵妃，同年九月初一日随康熙帝、孝恭仁皇后葬入景陵地宫。

胤祥像

胤祥何许人也，其生母竟然得到如此殊荣呢？

胤祥，康熙帝十三皇子，出生于康熙二十五年（1686）十月初一日。雍正帝即位之初，改名允祥，封为和硕怡亲王，出任议政大臣，处理重要政务。雍正元年（1723），任职总理户部。雍正三年（1725），总理京畿水利营田事务。雍正四年（1726）七月，雍正帝赐允祥"忠敬诚直勤慎廉明"匾额，并特诏其仪仗比亲王加一倍。雍正八年（1730）五月初四日，允祥去世，终年四十五岁。允祥死后，雍正帝特谕恢复其原名"胤祥"，不再避讳皇帝名讳，配享太庙，入祀京师贤良祠，爵位世袭罔替，上谥号为"贤"，并为其修建了有清一代规模最大的亲王园寝。由此可见，敏妃的儿子胤祥是多么深得雍正帝的宠信。

所以，敬敏皇贵妃死后之所以被追封为皇贵妃以及能有资格葬入景陵地宫，完全是因为她的儿子胤祥的缘故。

第六章 景陵妃园寝

封建社会的皇帝高贵尊崇，享尽天下的物质和至高的服务，他们的妻妾也很多，称呼也很多样，如后、妃嫔等。那么皇帝到底有多少妃嫔，她们又是如何成为后妃的呢？

皇帝女人："七十二妃嫔"

人们常说："皇帝有三宫六院七十二嫔妃。"意思是说，皇帝的妻妾很多。其实在历朝历代，皇帝后宫中所有的女子，包括那些宫女，都是供皇帝一个人享用的，根本没有数量的限制，但是出于封建礼教的虚伪性，在典章礼法上还是有一些规定的。

曾有读者问笔者："徐广源老师在《清东陵史话》中介绍：'清东陵的景陵、景妃园寝及双妃园寝共埋葬着康熙帝的五十五个后妃'，这五十五个后妃从皇后到答应，级别不等，但既然能够埋到景陵序列皇家陵寝中，就足以说明她们和康熙帝有夫妻的关系，而阎崇年老师在《正说清朝十二帝》（中华书局版）中介绍说康熙帝有四十位配偶。这五十五个后妃与四十位配偶有什么样的联系和区别呢？"

笔者对于这个问题是这样回答的：《清东陵史话》书中说的后妃

清东陵守护官员记录的《陵寝易知》

数量是根据康熙帝在康熙陵寝内
地宫实际葬的人数而说的，她们
在《陵寝易知》中有详细的记载。
既然她们能葬入景陵妃园寝，就
说明皇家承认她们是康熙帝的嫔
御，因此康熙帝有不少于五十五
个后妃。阎崇年老师所说'康熙
有四十位配偶'的说法，是根据
皇家牒谱上的记载。'牒谱'实际
上就是民间常说的家谱，它在皇
帝室族中分为两种，一种是宗室

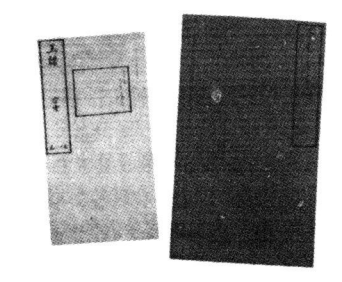

清朝皇家族谱——大黄绫本《玉牒》
和小红绫本《玉牒》

存放皇家族谱《玉牒》的档案库

使用的黄色横格牒家谱，只是简单地记录室系；一种是皇帝'觉罗'家族中的竖格红色家谱。这里所说的是指记载皇帝世系的竖格红色玉牒，上面不仅记载有皇帝的世系，还记载着皇帝的生卒和后妃。玉牒中，常在和答应这两种人都不记载。而景陵妃园寝中有常在九位、答应九位。明显妃园寝所葬的妃嫔数是准确的、接近真实的。"

清初，后妃制度不健全，多沿用明朝旧典。入关后，清朝后妃制度是随着封建专制制度的确定和发展而逐步形成和健全的。

清太祖努尔哈赤时期，还没有建立后妃制度，人数随意性很强。后妃的名称也只是沿袭满族多年来的习俗，正妻称"福金"，妾称"侧福金""小福金"。天聪元年（1627），清太宗皇太极为了区别诸多福金的名号，将福金居住的住所确定福金名号，有中宫大福金、西宫福金、东宫福金。天聪十年（1636），皇太极登极做了皇帝，改"后金"为"大清"，改年号"天聪"为"崇德"，这时候，皇太极建立了清初的后妃制度，册封了清朝历史上第一位皇后孝端文皇后，即中宫大福金博尔济吉特氏，另外还有东宫（关雎宫）的宸妃、西宫（麟趾宫）的贵妃、次东宫（衍庆宫）的淑妃、次西宫（永福宫）的庄妃。"五宫并建，位号既明，等威渐辨"，这就是清朝的后妃制度的雏形。

　　清入关定都北京后，这一时期的清朝后妃制度可以在顺治帝的后妃陵寝中找到佐证。顺治帝孝东陵中葬有皇后一、妃七、福晋四、格格十七。孝东陵的格格，指的是顺治帝的低级小妾，不是我们一般认为的皇家的女儿。福晋在清早期称"福金"，到了乾隆年间才改称"福晋"。因此可以认为，顺治朝的后妃制度有皇后、妃、福晋、格

清朝后妃所用的餐桌

清朝后妃所用的带钟表的容镜

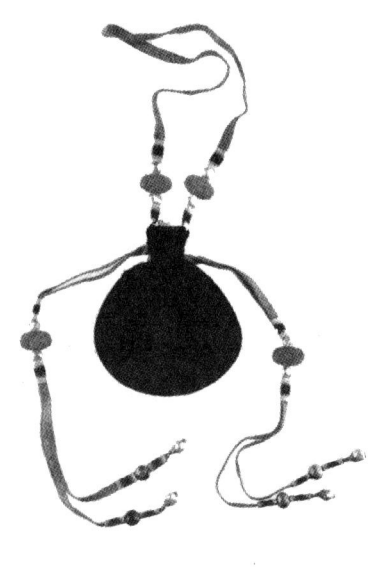

清朝后妃使用的镶珠青缎荷包

格四个等级。康熙朝规定：在同一时期，后宫皇后一、皇贵妃一、贵妃二、妃四、嫔六，贵人、常在、答应无定数。

康熙帝在位时间长达六十一年，其后宫妃嫔数量也因此是其他皇帝之首，虽然葬在皇陵有五十五人，但据档案记载，康熙帝后宫的妃嫔或者再准确一点说，陪康熙帝同床共枕的女子可能不少于二百人。所以笔者认为，康熙帝的后妃实际数量，不会少于五十五人。当时这些人被称为"主位""大答应""答应""小答应""学生""女子"等。其中，清宫中嫔以上位号的人被称为"主位"。这些人每年都分列等项开支，皇宫为此需要支出大量银子供养。

据《国朝宫史》记载，雍正帝只是将有生育过子女的女人葬入皇陵，其余的人因为风水关系，只能葬于他处。有些人不过是因侍寝或侍寝过而随意加封的。这在事实上则出现了康熙朝确定的清宫后妃制度的基本雏形，即皇后、皇贵妃、贵妃、妃、嫔、贵人、常在、答应的格局。也就是说，凡是葬入皇陵的女人，皇家才承认是妃嫔，是皇家的人。

清朝发明"选秀女"

清宫后妃的来源主要是通过"选秀女"的方式。挑选秀女的目的，除了充实皇帝的后宫，就是为皇室子孙拴婚，或为亲王、郡王和他们的儿子指婚。

《大清会典》记载："选秀女，顺治年间定。"

顺治朝规定：凡满、蒙、汉军八旗官员、另户军士、闲散壮丁家中年满十四岁至十六岁的女子，都必须参加三年一度的备选秀女，十七岁以上的女子不再参加。乾隆五年（1740）又进一步规定，如果旗人女子在规定的年限之内由于种种原因没有参加阅选，下届仍要参加阅选，没有经过阅选的旗人女子，即使到了二十多岁也不准私自聘嫁，如有违例，她所在旗的最高行政长官——该旗都统要经行查参，予以惩治。乾隆二十年（1755），再次补充规定：应阅视的秀女，在未受阅选之前私自与宗室王公结亲者，其母家照隐瞒秀女例议处。至于参选秀女的年龄，根据清宫档案记载，到清末光绪年间，最小的十一岁，大的可达二十岁。因此，据说清朝八旗之家有个不成文的规定，就是在女儿出嫁之前，从来不对长辈或其他亲属行跪拜大礼。因为这些女子都要经过选秀女的程序，日后有可能成为皇帝的妃嫔甚至"母仪天下"的皇后，真如果当选的话，这些女子的亲族长辈反倒要给她们尊行国家大礼。

顺治帝为什么要制定"选秀女"制度呢？

原来，顺治帝的初婚是包办的，皇后是他母亲孝庄文皇后的侄女博尔济吉特氏，婚后的生活很是不如意，两人关系如同路人，最后不得不废掉，改称静妃居侧宫。因此决定今后皇后由自己挑选，挑选范围是满洲官员之女及在外蒙古贝勒以下、大臣以上的女子。这次以选皇后为由进行的选拔，部分改变了清朝统治者的婚姻方式。清入关

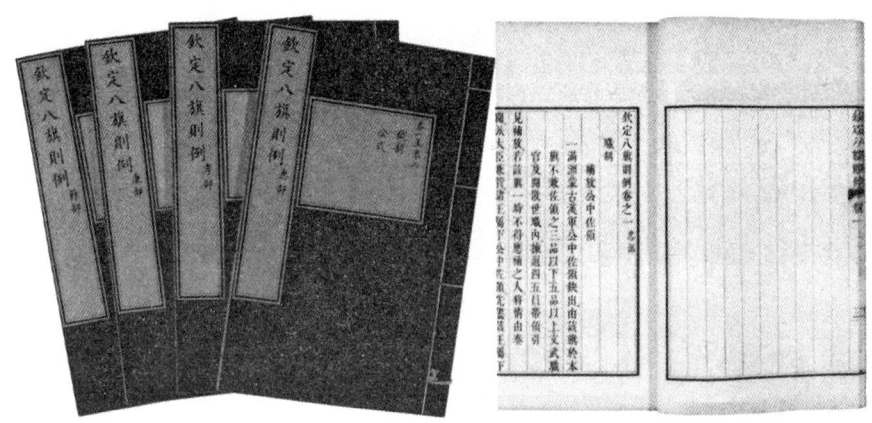

《钦定八旗则例》

前，清朝统治者主要通过与相邻民族或部落通婚，特别是与蒙古通婚的方式，以达到巩固和扩大自己势力范围的目的。顺治帝这次将满洲官员和外藩王公大臣家的女子纳入选择皇后的范围，无疑是扩大了联姻的范围。

清太祖努尔哈赤在统一女真的过程中，创立了八旗制度。这套制度是在女真人原来的狩猎组织的基础上建立的，是军政合一的制度，兼有行政、军事、生产等多方面职能。以黄、白、红、蓝四色旗帜为标志，组成镶黄、镶白、镶红、镶蓝、正黄、正白、正红、正蓝等八旗。清入主中原后，旗人又有八旗和内务府包衣三旗的区别。把其分为满洲八旗、蒙古八旗和汉军八旗，共二十四旗，这是清政权赖以统治的主要支柱；内务府包衣三旗则是清皇室的奴隶，二者的政治地位不同。所以，尽管清初将八旗和包衣三旗的女子都称为"秀女"，但挑选的方法和她们在宫中的地位也有所不同。

八旗秀女，每三年挑选一次，由户部主持，可备皇后妃嫔之选，或者赐婚近支（即三代以内、血缘关系比较密切的）宗室；包衣三旗秀女，每年挑选一次，由内务府主持，其中虽然也有一些人最终被逐渐升为妃嫔，但承担后宫杂役的，都是内务府包衣之女。到了清朝后期，包衣三旗的应选女子就不再称为"秀女"，而在挑选宫女时，就明确地说"引见包衣三旗使女"了。所以说，能够成为清宫后妃的，主要是八旗秀女。

清朝明文规定：八旗秀女阅看时，必须着旗装，严禁时装。中选的标准：一是品德，二是门第。

挑选秀女的程序，先由户部奏报皇帝，奉旨允准后，立即行文八

清末预选的秀女

旗都统衙门，由八旗的各级基层长官逐层将适龄女子花名册呈报上来，到八旗都统衙门汇总，最后由户部上报皇帝，皇帝决定选阅日期。因为有病、残疾、相貌丑陋而确实不能入选者，也必须经过逐层具保，申明理由，由都统咨行户部，户部奏明皇帝，获得允准后才能免去应选的义务，听其自行婚嫁。

各旗选送的秀女，要用骡马车提前送到京城。由于众多秀女的家庭背景不一，官宦人家尚有车辆，而兵丁之家只能雇车乘坐。因此，乾隆朝规定："引看女子，无论大小官员、兵丁女子，每人赏银一两，以为雇车之需……此项银两……著动用户部库银。"

秀女们抵达京城后，在入宫应选的前一天，坐在骡车上，由本旗的参领、领催等安排次序，称为"排车"，根据满、蒙、汉排列先后的次序。最前面的是宫中后妃的亲戚，其次是以前被选中留了牌子、这次复选的女子，最后是本次新选送的秀女，分别以年龄为序排列，鱼贯衔尾而行，车树双灯，上有"某旗某佐领某某人之女"的标识。日落时分发车，入夜时进入地安门，到神武门外等待宫门开启后下车，在宫中太监的引导下，按顺序进入顺贞门。秀女们乘坐的骡车则从神武门夹道东行而南，出东华门，由崇文门大街北行，经北街市，然后再经地安门来到神武门外，这时，已是第二天中午了。初选完毕的秀女们在神武门外依次登上她们来时所乘坐的骡车，各归其家。

虽然选秀女的范围限定在八旗和内务府三旗，但也不是八旗所有女孩都应该参选秀女的。康熙朝规定：皇后家族近支或母族是"宗室觉罗"者，可以不用参选秀女。然而，据《大清会典》《八旗则例》《内务府现行则例》记载，清朝各朝对秀女应选或免选，对其家庭条件有着不同的规定。

通过研究清朝后宫妃嫔民族发现，皇帝的后妃来源不仅仅限于满、蒙古、汉八旗和内务府三旗，还有来自汉族的女子和维吾尔族女子，而这些民族家庭的女子，按规定是不能也不会参选秀女的。但顺治帝的恪妃是汉族。如果说顺治帝的恪妃进宫是在"选秀女"制度出台之前，那么通过研究康熙帝后妃的民族后可以发现，康熙帝有记载的后妃中，有五人来自汉族，而在皇家《玉牒》中对她们父亲的记载是并无官职的，因此可以说明她们并不是来自八旗汉军，其母家也只是一般庶民阶层。因此说，清宫后妃的主要途径是选秀女，但不限于选秀女，还是有别的途径的，只是没有明确记载而已。

随着"选秀女"制度的推行，最大受益人是皇帝。而殉葬制度又早已废除，那么皇帝死后，他的那些妃嫔又有怎样的归宿呢？

对于这个问题，笔者仅以康熙帝妃嫔为例。

康熙帝十二岁结婚，在位时间长达六十一年，他的后妃随着"选秀女"制度的执行逐步增多，而康熙帝的年龄在时间面前也变得不堪一击，随着年龄增大，康熙帝的身体也渐渐感到支持不住了，面对身边这么多女人，这时候不得不考虑自己的身后之事了。人作为生物，既然有生的开始，那么就意味着有死的结束。康熙帝虽然贵为天子、万物之主，但是他毕竟也是有血有肉的人，大自然的死亡法则对他依然没有丝毫的眷顾。作为一代英主的康熙帝，心里更明白这个规则。因此，他考虑了百年之后的妃嫔去留问题。

康熙帝死后，根据康熙帝遗旨，雍正帝对诸王大臣说：皇父的妃嫔，如果生育了儿子，并且年龄很大了，那么就可以和自己的儿子在一起生活，以享母子的天伦之乐。那些年纪不算老的，但也生育儿子的，暂时留在皇宫中生活。

清制，新皇帝登基后，将前朝皇帝的妃嫔移居到慈宁宫、宁寿宫。慈宁宫、宁寿宫即相当于民间常说的寡妇院。老皇帝死后，虽然她们的身份备受尊重，但是在宫门深似海的皇宫内，丝毫没有自由，不可能与自己的父母见面，更不可能与自己的儿子、亲人在一起颐养天年。一方面是孤独寂寞，一方面是天伦之乐，那些在与世隔绝的皇宫生活过的女人们，自然首选随儿子生活了。

那些在雍正朝就已年老的康熙帝妃嫔，真的很幸运地被她们赶上了好时代，她们在雍正帝合理安排下，与自己的儿子生活到了终年。而那些"暂留宫中"的女人们，则在乾隆帝的新政策中留在了皇宫内。乾隆帝即位不久，康熙帝皇十六子庄亲王胤禄、皇十七子果亲王胤礼，奏请按照前例，要求各自迎接自己的母妃到府第供养，乾隆帝没有同意，并且宣布：自此以后，废除原先规定，只能过年、伏腊、过生日的时候回家与儿子团聚，并且这个新规定永远有效。

康熙帝的那些生育过儿子的妃嫔都算是有了自己的归宿，颐养天年。而那些虽然生育但没有儿子的妃嫔则永远生活在皇宫中直到死去。最可怜的则是那些有了名号而没有侍寝过康熙帝的妃嫔，她们的命运往往还不如宫女幸运，因为宫女到了三十岁（雍正朝改为二十五岁）还可以出宫婚嫁，而她们因为是康熙的女人，生前在宫中感受冷清和寂寞，孤老终生，死后却只能葬在康熙陵甚至死无葬身之所，并且没有具体的埋葬地点。

既然皇帝妃嫔不允许外出生活，那么是否可以有家属探视呢？

《钦定宫中现行则例》记载："内廷等位有父母年老者，或一年或数月，奉特旨会亲者，只许本身父母入宫，其余外戚一概不许入宫，家下妇女亦不许随入。"逢年过节，后妃可以派本宫首领太监去母家问候，但必须要"奉本主命往外家年节慰问者，不许传宣内外一切事情"。由于有这些严格的规定，进入皇宫的女子，就如同进入了牢笼一样，不仅受到宫中礼教的约束，还无法将自己的处境等信息传出皇宫，更无法获知自己家人的情况。正如《红楼梦》中的贾元春，初入宫做了女史，后被加封为贤德妃，蒙圣恩得以回家省亲，在与贾母等人会面时流泪自称"自己居住的皇宫是一个见不得人的地方"。贾元春为什么说自己到了一个"见不得人"的地方呢？细想起来，无非是她暗示自己身不由己，不仅在皇宫中处处要受到限制，也没有出皇宫的可能，再不能见到自己的亲人。即使这次回家省亲，言行都要受身边的女史监督限制。在元宵佳节这天晚上，贾元春派太监给贾府送来了灯谜，就算做在一起过节了，那时宫内的妃嫔都是只能派人对家人给予问候。这些内容都与《内务府宫中现行则例》中的记载是相符的。因此也可以看得出来，康熙帝生前曾考虑他死后，让生育了儿子的年迈妃嫔，可以由儿子提出申请，出皇宫到外居住养老。由此可见，嫁入皇宫，有福有乐有悲有忧，一切就只能看此人的造化了。

康熙帝：妃嫔、皇子和空穴

中华民族素有夫妻合葬的传统，但是作为皇帝，这个事情就显得不那么简单了，皇帝不能像平常百姓那样把自己的大大小小老婆、女人都带入自己的陵寝地宫作陪伴。因此按照规定，能葬入皇帝地宫长眠皇帝棺椁旁边的女人只有皇后和皇贵妃，普通的贵妃以下级别的妃嫔，虽然活着的时候有机会与皇帝在一起睡觉吃饭，但死后根本无资格与皇帝合葬在一起。

在封建社会，人与人之间存在着严格的等级差别，不仅活人分等级，就是死后埋葬的墓地级别和称呼也是如此，皇帝和皇后的墓地称为"陵"，而妃嫔的墓地只能称"园寝"，不能称"陵"。建筑规格和颜色也有严格的规定，在建筑规制上，妃园寝只能用绿色琉璃瓦、布瓦，不能用黄琉璃瓦，明显较帝、后陵低下。因此，绿琉璃瓦是妃园寝的明显标志之一。

大清帝国营造康熙帝景陵的同时，也营建着景陵妃园。这座妃园寝不仅是清王朝入关后的第一座妃园寝，而且还是清朝所有妃园寝中内葬人数最多的妃园寝，妃园寝与皇后陵一样，也是建在皇帝陵旁边，属于皇帝陵寝的附属建筑群体。大门、享殿、焚帛炉等以绿琉璃瓦盖顶；厢房、值班房覆以灰布瓦；宝顶下墓室结构有石券、砖券、砖池三种。建筑规制和规模逊于帝、后陵，景陵妃园寝的建筑格局是清朝妃园寝的样板。

景陵妃园寝位于景陵东南一里处，约始建于康熙十五年（1677）以后，完工于康熙二十年（1681）。初称"妃衙门"，因康熙帝慧妃最

景陵与景陵妃园寝的卫星位置图

景陵妃园寝大门

景陵妃园寝内景

早葬入，故曾称"慧妃陵"，雍正五年（1727）改称景陵妃园寝。

景陵妃园寝坐北朝南，建筑布局由南往北依次为：一孔拱桥及平桥、东西厢房、东西值班房、大门、焚帛炉、享殿、园寝门，后院内是宝顶群，分七层排列，共建有大小宝顶四十九个，葬有妃嫔四十八人，皇子一人。其中贵妃一位，妃十一位，嫔八人，贵人十人，常在九人，答应九人。

这些人的坟墓分为七层，按左东右西顺序排列。

第一层共二人，左为马贵人，右为僖嫔；第二层四人，为端嫔、定妃、熙嫔、良妃；第三层五人，为十八阿哥、成妃、襄嫔、宜妃、平妃；第四层七人，为纯裕勤妃、惠妃、温僖贵妃、顺懿密妃、慧妃、荣妃、宣妃；第五层十券葬九人，为尹贵人、谨嫔、空券、伊贵

景陵妃园寝宝顶

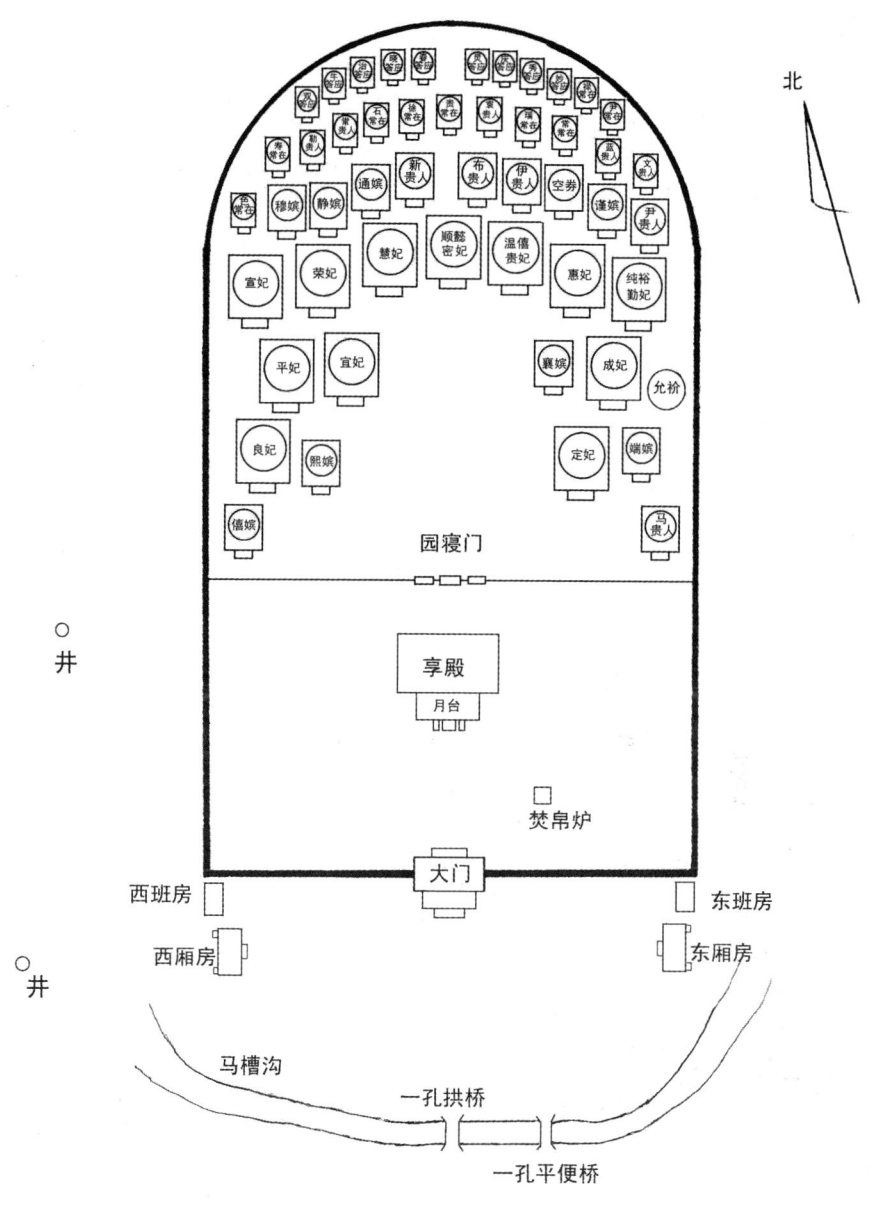

景陵妃园寝平面示意图

167

人、布贵人、新贵人、通嫔、静嫔、穆嫔、色常在；第六层十一人，文贵人、蓝贵人、常常在、瑞常在、袁常在、贵常在、徐常在、石常在、常贵人、勒贵人、寿常在；第七层十一人，为尹常在、禄常在、妙答应、秀答应、庆答应、灵答应、春答应、晓答应、治答应、牛答应、双答应。

景陵妃园寝从葬入第一个妃子开始到最后一个妃子结束，共经历了康雍乾三朝八十八年之久，她们生前有贵贱，死后却没有了距离，统一埋葬在这里，这期间是一个辛酸而漫长的过程，也许还包含着某些不为人知的历史故事。下面根据档案记载，简单地介绍一些她们的身世。

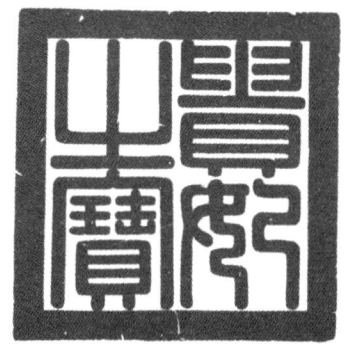

贵妃之宝

温僖贵妃，钮祜禄氏，镶黄旗满洲，出生时间不详，太师果毅公遏必隆女，孝昭仁皇后之妹。入宫时间不详，康熙二十年（1681）十二月被册封为贵妃。康熙二十二年（1683）生皇十子敦郡王胤䄉。康熙二十四年（1685）生皇十一女。康熙三十三年（1694）十一月初三日薨，谥为温僖皇贵妃。康熙三十四年（1695）九月初八日葬入妃园寝。

顺懿密妃，王氏，约康熙十三年（1674）生，知县王国正之女。康熙二十年（1681）入宫，康熙三十二年（1693）十一月二十八日子时，生皇十五子愉恪郡王胤禑。康熙三十四年（1695）六月十八日卯时，生皇十六子庄恪亲王胤禄。康熙四十年（1701）八月初八日，生皇十八子胤祄。康熙五十七年（1718）十二月二十八日，被册封为密嫔。雍正二年（1724）六月初十日，被雍正帝尊为皇考密妃。乾隆元年（1736）十一月初三日，被乾隆帝晋为皇祖顺懿密太妃。乾隆九年（1744）四月十八日死，年七十岁。乾隆十年（1745）十月十六日辰时入葬。

纯裕勤妃，陈氏，满洲镶黄旗，出生时间不详，二等侍卫陈希闵女。入宫时间不详，康熙三十六年（1697），生皇十七子果毅亲王胤礼。康熙五十七年（1718）十二月二十八日，被册封为勤嫔。雍正四年（1726）二月，被雍正帝晋尊为皇考勤妃。雍正十二年（1734）由满洲镶黄旗包衣抬入满洲镶黄旗。乾隆元年（1736）十一月初三日，被乾隆帝晋尊为皇祖纯裕勤妃。乾隆十八年（1753）十二月二十日死。乾隆十九年（1754）四月二十日午时入葬。

慧妃，博尔济吉特氏，蒙古族，出生时间不详，科尔沁三等台吉阿郁锡女，待年宫中，尚未被册封就死于康熙九年（1670）四月十二日，五月初九日被追赠慧妃。康熙十年（1671）二月初九日未时奉安暂安处。康熙二十年（1681）移葬景陵妃园寝，她是最早葬入园寝中的人。

平妃，赫舍里氏，满洲正黄旗，出生时间不详，领侍卫内大臣、

康熙帝慧妃

承恩公噶布拉之女，孝诚仁皇后之妹。入宫时间不详，康熙三十年（1691）正月二十六日辰时，生皇子胤禨，三月初一日辰时死，故不序齿。康熙三十五年（1696）六月二十日死，当月被追封为平妃，是年十月内入葬。

良妃，卫氏，正黄旗满洲包衣，出生时间不详，内管领阿布鼐女，本为辛者库，因罪籍没入宫。康熙二十年（1681）二月初十日未时，生皇八子胤禩。康熙三十九年（1700）十二月十七日被册封为良嫔，后来被晋为良妃。康熙五十年（1711）十一月二十日死。她死后，她的儿子多罗贝勒胤禩被获准"素服三年"，在家里"供奉母妃容像"，又"予定例外，加行祭礼，每祭珍珠金银器皿等物"，"大设筵席，自初丧以至百日，日用羊豕二三十口，备极品"。康熙五十二年（1713）二月十七日巳时入葬。

荣妃，马佳氏，满族，出生时间不详，员外郎盖山之女。入宫时间不详，宫中待年。康熙六年（1667）九月二十日，生皇子承瑞，早殇。康熙十年（1671）十二月二十五日，生皇子赛音察浑，早殇。康熙十二年（1673）五月初六日，生皇三女固伦荣宪公主。康熙十三年（1674）四月初六日，生皇子长华，早殇。康熙十四年（1675）六月二十一日，生皇子长生，早殇。康熙十六年（1677）二月二十日午时，生皇三子多罗诚隐郡王胤祉，八月二十二日被晋封为荣嫔。康熙二十年（1681）十月二十五日，被册封为荣妃。雍正五年（1727）闰三月初六日死，当年十二月初四日未时入葬。她是清朝生育皇子最多的妃子。

宜妃，郭络罗氏，又称"郭啰啰氏"，镶黄旗满洲，出生时间不详，佐领三官保之女。入宫时间不详，初为贵人。康熙十六年（1677）八月二十二日，被晋封为宜嫔。康熙十八年（1679）十二月初四日申时，生皇五子恒温亲王胤祺。康熙二十年（1681）十月二十五日，被册封为宜妃。康熙二十二年（1683）八月二十七日子时，生皇九子胤禟。康熙二十四年（1685）五月初七日，生皇十一子胤禌。康熙帝死时，宜妃正生病，以四人抬软榻，亲至丧所看视。雍正十一年（1733）八月二十五日死。乾隆二年（1737）九月二十五日午时入葬。

宣妃，博尔济吉特氏，蒙古族，出生时间不详，科尔沁达尔汉亲王和塔之女，顺治帝悼妃侄女。入宫时间不详，康熙五十七年（1718）十二月二十八日，被册封为宣妃。乾隆元年（1736）八月初八日死。乾隆二年（1737）九月二十一日午时入葬。

成妃，戴佳氏，亦作"达甲氏"，镶黄旗满洲，出生时间不详，司库卓奇之女。入宫时间不详，初为嫔。康熙十九年（1680）七月二十五日子时，生皇七子淳度亲王胤祐，此子生有残疾。康熙五十七年（1718）十二月二十八日，被册封为成妃。乾隆五年（1740）十月三十日死。乾隆六年（1741）三月二十四日巳时入葬。

定妃，万琉哈氏，亦作"瓦琉哈氏"，正黄旗满洲，生于顺治十八年（1661）正月初三日，郎中拖尔弼之女。入宫时间不详，康熙二十四年（1685）十二月二十四日寅时，生皇十二子履懿亲王胤祹。康熙五十七年（1718）十二月二十八日，被册封为定嫔。雍正二年（1724）六月初十日，被雍正帝晋尊为皇考定妃，就养于履亲王府邸。在乾隆朝，每逢岁时节日，必迎入宫，乾隆帝为之赋诗献寿。

乾隆二十二年（1757）四月初七日死，年九十七岁。乾隆二十二年（1757）十月二十五日巳时入葬。她是清朝已知后妃中最高寿的。

惠妃，那拉氏，正黄旗满洲，出生时间不详，郎中索尔和之女。入宫时间不详，初为庶妃。康熙九年（1670）闰二月初一日，生皇子承庆。康熙十一年（1672）二月十四日午时，生皇长子胤禔，初排行第五，因其前面四个兄长早亡，成年皇子中他年纪最大，故称"皇长子"。康熙十六年（1677）八月二十二日，被晋封为惠嫔。康熙二十年（1681）十月二十五日，被晋封为惠妃。雍正十年（1732）四月初七日死。雍正十年（1732）九月初七日未时入葬。

僖嫔，赫舍里氏，满族，出生时间不详，赉山之女。入宫时间不详，康熙十六年（1677）八月二十二日，被册封为僖嫔。康熙四十一年（1702）九月十一日死。康熙四十四年（1705）二月初九日未时入葬。

端嫔，董氏，出生时间不详，员外郎董达齐之女。入宫时间不详，初为庶妃。康熙十年（1671）三月十九日，生皇二女，该女婴儿于康熙十二年（1673）二月殇，仅三岁。康熙十六年（1677）八月二十二日，被册封为端嫔。死年不详。康熙五十九年（1720）九月初九日未时入葬。

穆嫔，陈氏，出生时间不详，陈岐山之女。入宫时间不详，康熙五十五年（1716）五月十六日巳时，生皇二十四子诚恪亲王胤祕。康熙六十一年（1722）十二月，被雍正帝晋尊为皇考贵人。死于雍正年间。雍正五年（1727）十二月初四日未时入葬。乾隆元年（1736）十二月初八日，被追尊为皇祖穆嫔。

熙嫔，陈氏，出生时间不详，陈玉卿之女。入宫时间不详，初为庶妃。康熙五十年（1711）正月十一日戌时，生皇二十一子慎靖郡王胤禧。康熙六十一年（1722）十二月，被雍正帝尊为皇考贵人。乾隆元年（1736）十二月初八日，被尊为皇祖熙嫔。乾隆二年（1737）正月初二日死。乾隆二年（1737）四月十二日午时入葬。

谨嫔，色赫图氏，生于康熙二十一年（1682）六月二十九日，员外郎多尔济之女。入宫时间不详，初为庶妃。康熙五十年（1711）十二月初三日酉时，生皇二十二子恭勤贝勒胤祜。康熙六十一年（1722）十二月，被雍正帝晋尊为皇考贵人。乾隆元年（1736）十二月初八日，被乾隆帝晋尊为皇祖谨嫔。乾隆四年（1739）三月十六日死，享年五十八岁。乾隆四年（1739）九月二十六日午时入葬。

通嫔，那拉氏，满族，出生时间不详，监生常素保之女。入宫时间不详，初被封贵人。康熙二十四年（1685）二月十六日，生皇十女固伦纯悫公主。雍正二年（1724）六月初十日，被晋尊为皇考通嫔。乾隆九年（1744）六月二十三日死。乾隆十年（1745）十月十六日辰时入葬。

襄嫔，高氏，出生时间不详，高廷秀之女。入宫时间不详，康熙四十一年（1702）九月初五日，生皇十九子胤禝。康熙四十二年（1703），生皇十九女。康熙四十五年（1706）七月二十五日，生皇二十子简靖贝勒胤祎。康熙六十一年（1722）十二月初六日，被雍正帝尊为皇考贵人。乾隆元年（1736）十二月初八日，被晋尊为皇祖襄嫔。乾隆十一年（1746）六月二十八日死。乾隆十一年（1746）七月十六日辰时入葬。

静嫔，石氏，生于康熙二十八年（1629）十一月初二日，石怀玉之女。入宫时间不详，康熙五十二年（1713）十一月二十八日卯时，生皇二十三子郡王衔多罗贝勒胤祁，康熙六十一年（1722）十二月初六日，被雍正帝尊为皇考贵人。乾隆元年（1736）十二月初八日，被乾隆帝晋尊为皇祖静嫔，乾隆二十三年（1758）六月初六日死，享年七十二岁。乾隆二十四年（1759）三月二十二日辰时入葬。

布贵人，满文档案称"卜贵人"，兆佳氏，满族，出生时间不详，生父为塞克塞赫，职务为参将。入宫时间不详，康熙十三年（1674）五月初六日生皇五女，康熙帝的前五个皇女有三个幼殇，其弟恭亲王常宁的长女自幼养于宫中，因年龄较大，被称为"大公主"，于是皇五女则被称为"三公主"。十九岁时，皇五女被封为和硕端静公主，下嫁喀喇沁杜陵郡王之子噶尔臧，死于康熙四十九年（1710）。康熙五十六年（1717）正月十一日亥时死，因生前患有痼疾，故尸体没有沐浴，丧礼按嫔礼办理，康熙帝"辍朝二日"，十二日未时入殓，十三日巳时移送，暂安朝阳门外大章京孙文善花园。康熙五十八年（1719）十二月十七日卯时入圈。

马贵人，亦作"玛贵人"，出生时间不详，死亡时间不详，生父不详。入宫时间不详，但死后的奉移礼被后来妃嫔女子奉移礼所遵循。"查得，马贵人奉移礼致奠，曾用纸锞一万、楮币一万、馔筵九、羊三、酒三瓶，其中纸锞一万减三千为七千，楮币一万减三千为七千，馔筵九减二为七，羊三、酒三瓶，照常，列仪仗，所属管领下男女咸集，礼部、工部大臣等，内务府总管视察，奉移时诸侍女送，派所属管领下官员、执事人并妻十五对，礼部、工部大臣各一员，内务府总管一员送，每旗派章京各三员，每翼各一员，副都统、兵丁八十人，仍令该章京、兵丁看守。令太监等为诸女驾车，派包衣章京三员、护军三十名，太监等乘骑之马匹，自上驷院领取。"康熙五十七年（1718）八月十八日午时入圈。

新贵人，满文档案称"忻贵人"，出生时间不详，生父不详，入宫时间不详。康熙五十五年（1716）八月初五日卒。康熙帝谕内务府总管大臣："新贵人用金黄色车一，金黄色轿一，彩仗比妃稍减。"金棺在五龙亭停放三日，面南摆设银制五供桌，每日供奉茶饭。当月初七日移送朝阳门外花园（殡宫），"以初七之礼祭奠时，祭文写汉文"。康熙五十五年（1716）十一月初三日，新贵人已满百日。奉移景妃陵的日期，交付钦天监、扎萨克喇嘛、达木巴格龙诹吉。经反复选择，定于康熙五十六年（1717）二月十七日壬寅辰时为吉。至于墓穴动土及安丧之事，钦天监等人说："慧妃陵（即景陵妃园寝）黑山朝向红，康熙五十六年丁酉，因年克山，不宜动土安丧。康熙五十七年戊戌，与山向不合，不宜动土安丧。"署理内务府总管郎中海章、董殿邦将新贵人墓券及安放位置交付男童太监魏柱奏览，奉旨："著建享殿于二门外东侧。其奉安处，已以朱笔勾圈，于徐常在之南侧。"新贵人暂行安奉之日，由钦天监扎萨克喇嘛、达木巴格龙诹吉，言于康熙五十六年（1717）二月二十四日己酉卯时，暂安为宜。其金棺送往妃园寝途中一应事宜，均参照马贵人之例办理。内务府为此上奏："查得，先前死逝之马贵人，因摆设彩仗未制作，皇上指定用荣妃彩仗代之，后又降旨（为荣妃）补制。此次（新）贵人取用哪个妃子之彩仗，恭请皇上指派取用，后再补制。"康熙帝朱批："用惠妃彩仗。"

康熙五十六年（1717）二月十七日，新贵人金棺发引妃园寝。康熙五十八年（1719）十二月初九日午时入圈。

伊贵人，郭络罗氏，又称"郭啰罗氏"，满洲镶黄旗，宜妃之妹，出生时间不详，入宫时间不详。康熙十八年（1679）五月二十七日寅时，生皇六女固伦恪靖公主。康熙二十二年（1683）七月二十三日子时，生皇子胤禑。雍正七年（1729）八月二十五日卯时入圈。

蓝贵人，亦作"兰贵人"，出生时间不详，生父不详，入宫时间不详。乾隆二年（1737）五月二十六日死。乾隆三年（1738）闰九月二十七日午时入圈。

袁贵人，袁氏，出生时间不详，生父不详，入宫时间不详，死亡时间不详。康熙二十八年（1689）十二月初七日亥时，生皇十四女和硕悫靖公主。康熙五十八年（1719）九月初九日未时入圈。

文贵人，乾隆二年（1737）九月二十一日午时入圈。

尹常在，乾隆四年（1739）九月二十六日午时入圈。

常贵人，乾隆十九年（1754）四月二十一日午时入圈。

勒贵人，乾隆二十二年（1757）十月二十五日巳时入圈。

贵常在，雍正二年（1724）四月十九日午时入圈。（笔者注：之所以称之为"贵常在"，这是根据《陵寝易知》记载而定的。在《昌瑞山万年统志》则记载为"贵答应"）

瑞常在，雍正二年（1724）六月十七日午时入圈。

常常在，雍正十一年（1733）九月初七日入圈。

尹常在，雍正三年（1725）三月十一日未时入圈。

禄常在，雍正三年（1725）三月十一日未时入圈。

徐常在，出生时间不详，生父不详。康熙四十一年（1702）十月十四日死，棺漆红油，统一花纹刷一次。"越栓为红绸，制无花青缎帷，明旌引，四十八人抬之。拣骨殖后，闪缎夹被一床、褥一条、绫子双层布单一条，栓瓶口时，为红片金缎双层布单。"雍正三年（1725）三月十一日未时入圈。

石常在，雍正三年（1725）三月十一日未时入圈。

寿常在，雍正三年（1725）三月十一日未时入圈。

色常在，雍正三年（1725）三月十一日未时入圈。

妙答应，雍正十一年（1733）九月初七日未时入圈。

秀答应，雍正十三年（1735）九月初六日未时入圈。

庆答应，乾隆六年（1741）三月二十四日巳时入圈。

灵答应，乾隆十一年（1746）十月十六日辰时入圈。

春答应，乾隆十九年（1754）三月十二日午时入圈。

晓答应，乾隆三十三年（1768）十月十二日辰时入圈。

治答应，乾隆十九年（1754）四月二十九日卯时入圈。

牛答应，雍正十三年（1735）九月初六日巳时入圈。

双答应，雍正七年（1729）四月二十七日卯时入圈。

通过研究发现，为了尊重死者，凡是位号是贵人、答应、常在等级女子死后，均按照品等级办理丧事。嫔按照妃等级办理丧事。

景陵妃园寝这么多妃嫔的墓地祭祀，古人是如何记忆的呢？原来在清朝时，为祭祀时不致出现差错，守护陵寝的官员编了一首歌谣，以助熟记。歌谣中记载有两个历史之谜：空券之谜和皇子葬入妃园寝之谜。

谜团一：空券之谜。这座园寝第五排东第三位是一个空券，没有葬人，按照规制，园寝内的券座是根据皇帝的妃嫔人数陆续营建的，而皇帝的妃嫔人数是确切的，园寝内的券座既不能多建，也不能少建，哪座券座内葬谁都要经过皇帝批准，因此这个空券绝不可能是盲目多建的。

景陵妃园寝空券宝顶

根据研究，此空券为敬敏皇贵妃迁葬景陵地宫前所使用的。《清实录》《大清会典》等官书记载敬敏皇贵妃是雍正元年（1723）九月初一日葬入景陵的。而由驻守东陵的陵寝官员编写的《陵寝易知》记载敬敏皇贵妃是于康熙三十八年（1699）十月入葬的。同一个人竟有两个入葬日期，而且又相隔二十四年，令人费解这是怎么回事呢？敬敏皇贵妃于康熙三十八年（1699）七月二十五日病亡，当时还是一位普通的妃子；她死时，康熙帝绝不会预知敏妃会在二十四年之后从葬景陵而停灵不葬。按正常做法，妃嫔死后数月或一两年就要入葬，绝不会停灵二十四年之久。死在敏妃之前的温僖贵妃、死在敏妃之后的平妃，都是病亡当年入葬景陵妃园寝内，康熙年间病亡的慧妃、良妃二人也葬入这座妃园寝，敏妃死后应该葬在这座园寝内，而且不会长期暂安不葬，其葬位就是这座空券。当雍正帝决定将其从葬景陵地宫、又将其追封为皇贵妃后，就将其从妃园寝中迁出改葬景陵地宫，因为此券内已葬过人，不便再葬他人，所以才出现了空券。而《清实录》《大清会典》记载的敏妃在雍正元年的葬期，正是从葬景陵的日期，《陵寝易知》记载的敏妃入葬日期，是其入葬妃园寝的日期。因此敬敏皇贵妃的葬期有两个记载。

景陵妃园寝十八阿哥墓上无封土

　　谜团二：妃园寝，顾名思义就是埋葬皇帝妃嫔的墓地，然而在景陵妃园寝里，却还埋葬有康熙帝童年夭折的皇十八子胤祄。康熙帝有十五个早殇皇子，为什么单单把皇十八子胤祄葬在这座妃园寝呢？

　　难道是因为胤祄未成年，不值得单建园寝吗？也不是。如果是这个原因，为什么另外十四个早殇的皇子不葬在这座妃园寝内？显然也不是这个原因。因为胤祄的生母顺懿密妃葬在了这座妃园寝内，子随母葬，胤祄才葬在这座园寝内？在这座妃园寝内有许多早殇皇子的生母，为什么单单胤祄随母而葬？这条理由也站不住脚。是因为胤祄特别受钟爱，康熙帝才把他葬在景陵附近，以使娇儿常依膝下吗？在十五个早死的皇子中，最受钟爱的莫过于承祜了。承祜是孝诚仁皇后所生，属于嫡出，而且聪明贵重，气宇不凡，被康熙帝视为掌上明珠。承祜死时，康熙帝悲痛万分，多日闷闷不乐，躲在寝宫里不出来。为什么康熙帝不把承祜葬在妃园寝内呢？显然这条理由也不成立。是因为胤祄属于庶出，不受钟爱，降格才葬在妃园寝吗？更不是，因为在十五个早亡皇子中除承祜外，都是庶出，而且有的是嫔、贵人所生，他们为什么不葬在妃园寝呢？所以这条理由也不是。

　　十八阿哥，名胤祄，生母为顺懿密妃，生于康熙四十年（1701）八月初八日。康熙四十七年（1708）五月跟随康熙帝巡幸塞外，八月十九日，刚度过八岁生日的允祄在永安拜昂阿生病。为了抢救允祄的生命，康熙帝不仅派御医给予治疗，并于当天谕令在北京的皇三子胤祉、皇四子胤禛迅速派其他医生前来：并且特别叮嘱此事不要张扬。

　　八月二十日，皇三子胤祉、皇四子胤禛接到谕旨后，不敢怠慢，立刻派遣员外郎硕图库、管领那尔布选择好车良马，将谕旨中提到的三人送来，并写奏折询问胤祄病情，以示关心和重视。

八月二十二日，康熙帝接到奏折回复道：阿哥已见大好。康熙帝在回复中的言语充满了满满的父爱，称胤祄病情的好转令自己感到了有种重生再世般的高兴。

八月二十九日，胤祄的病情再次有所好转时，康熙帝异常高兴，并决定回北京。为了照顾胤祄，每天的行程不超过二十里。

然而九月初二日早晨，胤祄的病情突然加重，并发展为不可能挽回生命的状态时，无奈之下的康熙帝非常痛惜。但为了顾全大局而决定适可放弃感情上的割舍，强忍悲痛地说："我岂能为了一个儿子的得失而如此悲伤呢？"

虽尽全力治疗，但胤祄还是于九月初四日病死。康熙帝悲痛的同时却发现，跟随在自己身边的其他皇子却对失去一个小弟弟无动于衷，一点悲哀的感情都没有，这令他很是失望。尤其是皇太子胤礽的表现，更是令康熙帝忍无可忍，愤怒至极。于是在胤祄死的当天，康熙帝命胤礽跪于地上，老泪横流、非常痛苦地斥责他没有兄弟间的友爱，并作出了逮捕并废黜皇太子的决定。

胤祄死后不久，就于康熙四十七年（1708）十月葬入了景陵妃园寝，其葬位在第三层宝顶东面第一位，但地面上不封不树，没有建宝顶、月台等附属建筑，并且葬入后没有任何祭祀。

据《大清会典》记载："康熙年间定，凡皇子初殇，皆备小式朱棺，祔葬于黄花山园寝，惟开墓穴平葬，不封不树。"

在这里值得人们注意的是，未受封的皇子地宫建筑等级就是嫔级别的砖池。20世纪80年代，清东陵文物管理处职工在此园寝内植树，无意间发了一座地宫，里面仅有小棺一具。当时人们发现后，赶紧用土原封地掩盖了起来，并未上报。

景陵妃园寝作为景陵的陪葬墓，坐落在风水墙内景陵的旁边，里面的人物葬位都是严格按照身份等级排列的，其墓制规格也是按照严格的标准建造的，人物等级的标准都是关乎着陵寝风水的。究竟为什么这位皇子能葬入只葬入女性的妃子陵墓里面？这至今仍是一个未解之谜。

享殿与两口古井

康熙帝的妃嫔很多，但也不是所有的妃嫔都有神牌，只有妃和妃位号以上的人才有神牌，神牌供奉在享殿里。景陵妃园寝享殿，建有暖阁三间，每间暖阁供奉四人。中间暖阁是温僖贵妃、慧妃、惠妃、宜妃。东暖阁供奉成妃、顺懿密妃、纯裕勤妃、定妃。西暖阁供奉荣妃、平妃、良妃、宣妃。嫔、贵人、常在和答应没有神牌，在档案中被统一记载为：后殿某位或在后殿。

景陵妃园寝享殿面阔五间，殿前建有月台，无栏杆。月台前有三路抄手踏跺，中路踏跺较大。未设御路石，月台两侧也没有抄手踏跺，妃园寝月台前有三路踏跺，仅有景陵妃园寝为特例。

景陵妃园寝的祭祀，妃大祭的情况如下：内务府官员监视摆设膳桌，太监恭请神位，捧递香盒。供献茶酒各项祭品，茶膳房人抬请茶桌。茶桶、茶碗等项系茶房人抬请；点熄灯火，供献祭品系内务府领催差役人、八旗披甲人、礼部打果人等抬请各宝顶前月台上供献，差役人等请茶桶、茶碗进至月台前奠茶一碗；礼部打果人抬请执壶、盅、碟，内务府官员一员各奠酒三盅。

大门外支搭凉棚。工部匠役安设桌张摆设酒樽，礼部打果人抬肉槽安于凉棚之下。礼部官员负责收发、查管祭品。

办造祭品系内务府差役人办造；膳桌系膳房人及差役人办造；奶茶系茶房人办造；羊只系膳房人监视差役人省煮。每年清明祭前一日各供佛托一座，岁暮祭日焚化，亦系石门工部造送焚化。

妃忌辰日祭祀：贝子、公、内务府大臣轮流主祭。内务府官供献祭品，太监捧递香盒，礼部司官监礼，赞礼郎前引赞礼郎叫官、八旗章京、骁骑校、赞礼郎等抬请果桌，太监差役人等执事与大祭同。

每逢朔、望点灯，内务府官拈香。

大臣、官员班次前后，与各大陵同。启闭门户、供献祭品、收发祭器与各大陵同。

嫔和嫔以下祭祀：安设香饼、斟注供酒仍系太监看管，礼部司官一员监礼，赞礼郎、大念、小念前引；叫茶、叫官捧帛、数帛；披甲人抬请肉槽安于凉棚之下，并抬请饽饽、西瓜、香瓜桌抬请膳桌进殿；内务府官员监视尚膳及膳房人供献；屠户抬请牲匣牲羊，礼部官员监视供设，内务府司员带领领催役人启闭门户，搭拆凉棚、安撤桌张，卷放雨搭，打扫月台，进、撤酒樽酒器。

景陵妃园寝的卫生不同部位由不同的人打扫，各负其责。殿内、殿外月台以上及花门内地面，系内务府差役人等打扫，月台以下宫门

185

内外地面并红墙周围等处，均系礼部校尉、割草人打扫（原设割草人处割草人打扫，未设割草人之处校尉打扫）。花门内树行及仪树行内草薪系树户刈割，地面系树户打扫。仪树、山树行外草薪地面，系树户刈割打扫。仪树、山树行外，系礼部割草人打扫。

　　说到打扫卫生，自然离不开水，水来自水井。妃园寝本不应该设置水井，但景陵妃园寝有古井两口，一口在后院西墙外的山坡上，另一口则在西厢房的西面大约五十米处。根据实地调查，感觉园寝墙外的水井为景陵妃园寝所用，西厢房西面的水井，应该是景陵神厨库的水井。昭西陵的水井就是在神厨库东面很远的地方。笔者在景陵妃园寝工作生活的十个月，吃用的都是西厢房西面水井的水。水的水垢很大，需要烧开了才能饮用。有一次因为使用不善，打水用的水桶还掉进里面一个，捞了好几天，用长杆子、绳子、吸铁石等方法打捞都没有成功，要是现在就可以用强力吸铁石试试。为啥打捞一个铁皮水桶这么难呢？原来在水井的下面，还有一口小水井，即水井里还有井。下面这个水井是后来挖的，上半截的井才是原先的水井。

第七章 景陵 皇贵妃园寝

在清朝，唯独康熙帝有两座妃园寝，且第二座妃园寝规制很高，所葬仅有两人，就是所建原因也存在着一些争议。

两个神秘女人的墓地

清朝皇帝的妃嫔，除了皇后可以单独建造陵寝之外，其他的大多数是以集体的形式安葬的，每一座妃园寝建在皇帝陵旁边，而每一座妃园寝就是一朝皇帝众多后宫有名号女人的公墓。然而康熙帝则有两座妃园寝，那就是除了景陵妃园寝之外，位于景陵妃园寝东南约一里的地方，坐北朝南，还有一座景陵皇贵妃园寝。

景陵皇贵妃园寝葬有两个妃子，两座方城明楼，尽管两妃之死相距二十五年，但两座明楼却建造得一模一样，像一对绿衣婆娑的孪生姐妹，双双俏丽于明媚的青山绿树间，这座妃园寝是清朝规制最高的妃园寝。因此，当地人又称之为"双妃陵"。

这两个女人是谁？为什么能享受如此特殊的待遇？

在东陵当地流传着这样两个小故事。

景陵妃园寝与景陵皇贵妃园寝卫星位置图

故事一，这两个妃子是一对孪生姐妹，容貌相同，天姿国色，艳丽动人，不仅精通翰墨，而且武艺高强，多次陪康熙帝御驾亲征，行围打猎。这一对文武全才的美妙佳人，康熙帝格外宠爱，备受恩泽。无奈好景不长，红颜薄命，姐妹二人双双病逝，康熙帝痛断肝肠，为表示哀怜之情，特地为她俩单独修建了园寝。

故事二，这两个妃子是康熙帝的亲姐姐，花容月貌，冰肌玉肤，后宫佳丽在她们两人面前黯然失色。康熙帝深深地爱上了两个姐姐，不顾伦理，强纳为妃。两个姐姐死后，皇帝为尽夫妻之情、姐弟之义，才单独建了园寝。在民间流传很久的讽刺清王朝统治者的诗："头

景陵皇贵妃园寝前景

景陵双妃陵双明楼

戴飞禽羽，身穿走兽衣。父子不同姓，姐弟配夫妻。"诗的最后一句，据说指的就是这件事情。

康熙帝会把自家的丑事曝光于天下众知吗？

答案是肯定不会的。据记载，景陵皇贵妃园寝是乾隆帝所建的。

那么，历史上建景陵皇贵妃园寝的真相又是如何的呢？

谣言这样被打破

景陵皇贵妃园寝规制，由南往北是：一孔拱桥。一孔平桥。三孔平桥。东西厢房，厢房各五间有前廊。东西值班房。大门，面阔三间。焚帛炉。东西配殿各五间。享殿五间，享殿前有"丹凤朝阳"御路石一块。园寝门三座。方城明楼宝顶两座，明楼为单檐歇山式，没有悬挂匾额。明楼内有朱砂碑。明楼东面宝顶下葬悫惠皇贵妃，西面宝顶下葬惇怡皇贵妃。

清宫后妃，在生前享受着不同等级位号的生活待遇和政治地位，在死后也能得到与之身份地位相符合的丧葬仪礼和墓穴规格，但皇贵妃死后并没有单独建园寝的先例。康熙帝的这两个皇贵妃能死后单独建园寝，可见这是非同凡响的两个重量级的人物。她们究竟是谁？她们到底为什么能受到如此的待遇？

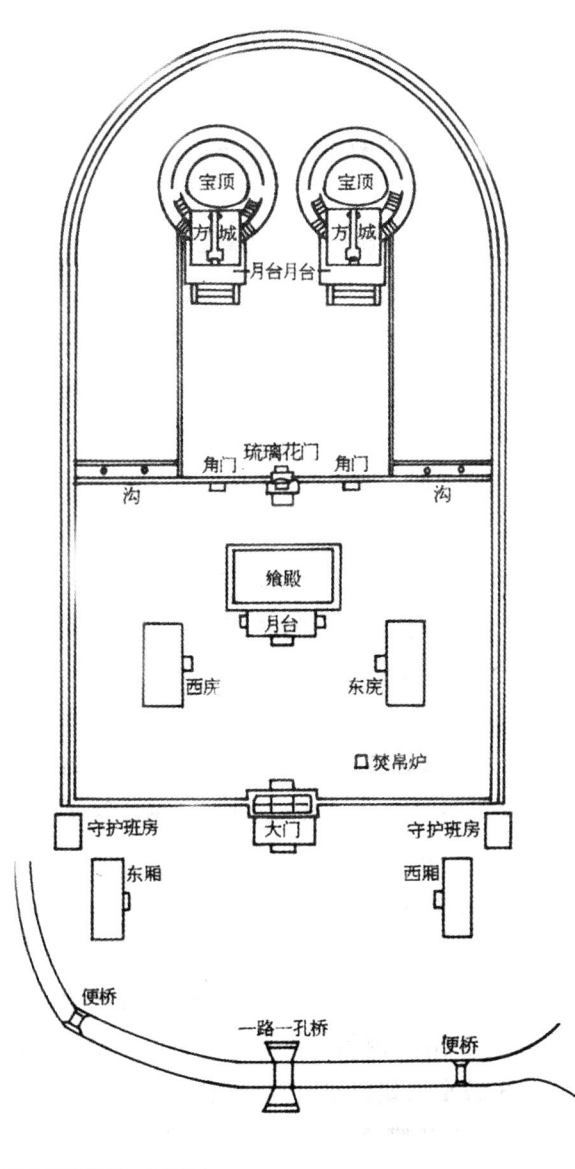

景陵皇贵妃园寝平面图

　　档案一：悫惠皇贵妃，佟佳氏，原为八旗汉军，后来抬入镶黄旗满洲，出生于康熙七年（1668）八月，孝懿仁皇后之妹，是领侍卫内大臣佟国维之女。入宫时间不详。康熙三十九年（1700）被册封为贵妃。雍正二年（1724）六月，被雍正帝晋封为皇考皇贵妃。乾隆元年（1736）十一月初三日，被乾隆帝晋尊为寿祺皇贵太妃。乾隆八年（1743）四月初一日薨，享年七十六岁。五月谥为悫惠皇贵妃。乾隆八年（1743）十二月十一日，葬入景陵皇贵妃园寝。

　　档案二：惇怡皇贵妃，瓜尔佳氏，出生于康熙二十二年（1683）

十月十六日，三品协领祜满之女。康熙三十九年（1700）被册封为和嫔，康熙四十年（1701）十月十八日，生皇十八女，早殇。康熙五十七年（1718）十二月，被晋封为和妃。雍正二年（1724）六月初十日，被晋尊为皇考贵妃。乾隆元年（1736）十一月初三日，被晋尊为温惠贵太妃。乾隆八年（1743）七月初五日，被晋为皇贵太妃，十一月二十七日，举行册封礼。乾隆三十三年（1768）三月十四日薨，享年八十六岁。乾隆三十三年（1768）五月十七日，被册谥为惇怡皇贵妃。乾隆三十三年（1768）十月十二日，葬入景陵皇贵妃园寝。

这两个皇贵妃有名有姓，身份也清楚，她们既不是亲姐妹，也不是传说中康熙帝的两个姐姐。那么，她们为什么死后能得到如此高规格的待遇呢？

原来，她们都抚养过乾隆帝，当时乾隆帝还是 12 岁的孩子，生活在康熙帝皇宫中，康熙帝令这两人负责照顾年幼的弘历。弘历当了皇帝后，不忘前恩，故此善待她们，并决定单独建园寝。

乾隆二年（1737）五月二十日，乾隆帝降谕旨，令大臣在景陵附近相度福地，为两位太妃营建园寝。规制可以稍微扩大，以表示乾隆帝的孝敬之心。在东陵主持陵工的淳郡王弘璟、工部右侍郎柏修受命后，带领精通风水的钦天监监副李廷耀到景陵附近相度妃园寝福地。他们经过实地反复察看发现，凡景陵附近稍后之处皆不适合建园寝。却意外地发现在景陵妃园寝的东面，姚家坡以西的七棵树地方很合适，是一块上吉之地。淳郡王弘璟、工部右侍郎柏修把选址情况及李廷耀对七棵树风水的看法上奏给乾隆帝。乾隆帝看了奏折后，同意在七棵树这个地方建园寝。淳郡王等人开始设计园寝规制。乾隆帝在谕旨中已说过"规制稍加展拓",但具体怎样展拓没有说。于是大臣们设计的规制为,在景陵妃园寝规制的基础上,添加厢房有廊、配殿、御路石等。

乾隆二年(1737)七月下旬,乾隆帝在看了淳郡王上奏的关于园寝规制的奏折以后,谕总理事务王大臣:享殿前添加月台,建方城明楼,但体量稍小,用绿色瓦料。

景陵皇贵妃园寝始建于乾隆四年(1739),乾隆七年(1742)完工。园寝两侧砂山是用人工培堆的,园寝北面是自然土山,栽植仪行树一千八百株。

景陵皇贵妃园寝建成后与其他妃园寝相比,主要有以下特点:

其一,标准妃园寝,其宝顶是建在长方形的砖石月台上,不建方

景陵皇贵妃园寝外景

景陵皇贵妃园寝全景

城、明楼，这座妃园寝却建了两座方城、明楼，这在清朝妃园寝中是独一无二的。

其二，标准妃园寝不建东西配殿，而这座妃园寝建了东西配殿，都是面阔五间，比昌西陵、慕陵、慕东陵的三间配殿规模还大。

其三，享殿月台前设御路石一块，上面雕刻"丹凤朝阳"的图案，一只展翅欲飞的凤凰亭立于山石之上，上有彩云缭绕，下有海水江崖，刻工精细，栩栩如生，称得上是一件佳作。清朝妃园寝设御路石，仅此一例。

其四，帝、后陵的朝房均有前廊，妃园寝厢房无前廊。而这座妃园寝的厢房则设有前廊，超越了标准规制的妃园寝。

为什么乾隆帝是这两个妃子抚养的呢？

原来，清宫规定：皇帝的儿子出生后，他的成长不是母亲抚养，而是改由其他的皇妃抚养，这样不仅能增加孩子与其他母妃的感情，还能促进妃嫔间关系的融洽，可谓一举两得。但是有人会问了，乾隆帝是胤禛的儿子，只是康熙帝众多皇孙中的一个，为什么就弘历能到皇宫中接受最高格的生活待遇呢？这点很重要，有人说这就是康熙帝的良苦用心，他通过这种方式暗示人们，他的皇位继承人将是皇四子胤禛，康熙帝特别喜欢胤禛的儿子弘历，康熙帝想把皇位最终传给这个皇孙，而皇位的继承必须是父传子，只有把皇位先传给胤禛，才能最终把自己的皇位传给这个他最喜爱的皇孙弘历。但凭这点，还不能说明弘历就为此专门给康熙帝的两个妃子建园寝，于是有人又这样解释说，乾隆帝是清朝唯一没有留下疑问顺利登上皇帝宝座的人，而他的皇父因为当皇帝这件事情，曾闹得满城风雨，私下众议纷纷，于是

景陵皇贵妃园寝丹陛石

乾隆帝为了暗示他皇父胤禛是合法的皇位继承人，所以这才大兴土木为康熙帝的两个妃子建陵寝。乾隆帝用这种方式告诉人们：他的皇位是爷爷康熙帝给的，因为他的皇父胤禛当皇帝是康熙帝早就在心里定下来的。他为了报答康熙帝的良苦用心，才给康熙帝的这两个妃子建园寝。

第八章 盗墓现象
难以休

康熙陵虽然躲过了 1928 年的那次盗墓劫难，但在
1945 年的冬季，景陵地宫还是被盗了，据说还发
生过一次神火烧伤事件。公安局追回了最为珍贵
的九龙玉杯，可后来也不知了下落。离谱的是，
2015 年 10 月，景陵妃园寝的温僖贵妃地宫再次
被盗。

神火与九龙玉杯

1945 年 12 月 22 日，是康熙景陵历史上最黑暗的一天，景陵地宫被一伙土匪和流氓村民打开，地宫中的棺椁被劈开，珍宝被盗掘一空。

也许有人会问：清东陵既然是风水宝地，为什么没有保住大清的万代江山和祖宗坟地不被盗呢？

对于这个很现实的问题，清东陵地区流传着一个故事。

清东陵昌瑞山南麓被划为陵园，由于涉及大清万世江山的统治和子孙后代的繁荣，陵园内是不允许有任何私人的坟墓和庙宇的，所以，清东陵境内的寺庙、道观等也不许存在，当地居民也被迁出了。当清朝官员来到位于景陵东南的一座小山上时，发现了一座规模很小的庙宇——二郎庙。

马兰峪二郎庙山门

清东陵二郎庙大殿

　　当时的二郎庙只有一座大殿，既无配殿，也无旗杆，规模很小。于是建陵大臣在马兰峪后山按原样建了一座新的二郎庙，派人把原来庙内的二郎泥像用轿子抬到新庙内。第二天当人们拿着锹镐去拆二郎庙时，竟发现二郎的泥像仍端坐在神龛内，派人到新庙一查看，泥像果然不见了，大家感到很奇怪，于是又第二次把泥像搬至新庙，可是第二天泥像又回来了，这样一连搬了三次，泥像回来三次。像搬不走，庙就拆不成，这下可愁坏了负责移民迁庙的官员，只得把这件事原原本本地上奏给皇上。康熙帝接到奏章，也感到困惑不解。第二天升朝后，康熙帝把这件怪事向满朝文武讲了一遍，询问各大臣有何良策。众大臣面面相觑，也是一筹莫展。康熙帝只好拂袖散朝，回到乾清宫，闷闷地躺在龙床上琢磨这件事。想着想着，忽见天上飘来一朵祥云，很快来到近前，只见云端上站着一位天神，三只眼，顶盔贯甲，威风凛凛，朗声说道："大清皇帝听好，我乃二郎神是也，特来告知我不去新庙之故。原庙前之山乃是猴山，山内因禁着数以万计的猴子，都是孙行者的后代，个个武艺高强。我若离开原庙，这些猴子就会出来犯上作乱，把天地搅得一塌糊涂。为了使你大清陵园肃穆安宁，我要永镇猴山。不能迁徙他处。"说罢，祥云升起，转眼不见。康熙帝猛然坐起，原是一梦。回想在梦中二郎神的话，颇觉有理。派人到实地打听，原二郎庙前果然有座猴山。康熙帝立即传谕负责陵园搬迁事宜的官员，不得再移像迁庙。同时重修原来的二郎庙，扩大规模，大殿由一间改为五间，增加东西配殿各三间，增设旗杆二根。重塑二郎泥像，增加配像关羽、吕祖等。

　　但是由于二郎庙被无故搬动了三次，镇压在猴山的猴子在二郎神

二郎庙大殿后的古松

像被搬动期间跑出来两只。就这两只猴子，一个猴子推翻了大清的统治，另一个猴子则盗掘了大清的祖宗坟地清东陵。虽是传说，但在清东陵风水墙内有这么一座二郎庙，当地人称这是搬不走的二郎庙。在皇陵禁地建有庙宇，确实有些不可思议，目前这个问题已经是历史之谜。

其实，用科学的观点来说，好的坟地风水是指环境优美、土壤肥厚，适合人类居住和生活。但在古人看来，好的风水既要保护死者，还要庇佑后人。清东陵被盗的原因，清朝都不复存在了，藏有珍宝的陵寝安能平安呢？因此，景陵被盗是难免的。

盗掘景陵地宫的大多是当地人，他们熟悉景陵的地势，也知道地宫内容易有积水。于是他们决定，将盗掘景陵地宫的时间选择在冬季，有意避开了阴雨连绵的雨季，因为这时候地宫内的积水是一年当中最少的。尽管如此，据盗陵者回忆说，景陵地宫当时的积水依然很多。这群盗匪成员中的关增会（也有叫关老七）是东陵裕大村人，田广坤（田老七）是东陵南大村人，张尽忠是东陵西沟村人，赵连江是蓟县七区破城子村人，杨芝草是蓟县七区破城子人，王绍义是东陵定大村人等，其余的盗掘康熙景陵的匪徒则有三百多人，他们之间还有一些流氓无产者和一些被煽动起哄的无知村民。那时的东陵地区处于一种失控状态，国共两党都无力管理，当地的一些村落是管理这些陵寝的主要力量，为了能顺利盗掘景陵地宫，匪头子们便打着"皇上是最大的地主，他剥削人民最厉害，要不是有这座陵在这里，日本兵也不会假借保护陵为名，进一步侵略中国。咱们当地老百姓也不至于受那么大的苦难，所以早就应该把陵除掉"这样的口号在当时是很有号召力的。

　　皇陵作为生者地府、死者天堂所在，为了生者生息、死者安宁，古人往往在藏有珍宝的地下设有暗道机关，加以保护死者和地下珍宝的安宁和安全。为了防盗，顺治帝孝陵神功圣德碑楼的碑文中用写有"不藏金玉"词语等方式迷惑贪婪者，那么，康熙帝作为熟悉天文地理，学习钻研科学技术的一代帝王，除了把自己的陵寝建造的坚固无比之外，他更应该懂得如何保护自己的陵寝安全。

　　在当地流传着这样的一个故事：盗匪们把景陵地宫打开后，由于康熙棺椁突然迸发出一团神秘大火，把正在劈砍棺椁的关增会、田广坤两人烧伤，两人被抬走前田老七还声称"非要九龙玉杯不可"。因此有人说那是康熙帝在棺椁内故意设的神火，也有人说那是康熙帝显

景陵宝顶

圣，防范和警告盗墓者。但无论如何，景陵地宫还是被盗了，所陪葬珍宝流落民间。这其中就包括那件珍贵无比的九龙玉杯。

在盗陵案发生后，当时的政府对此特别重视，成立了盗陵案专案组，并调拨军队给予配合。经过政策攻心和严厉打击，投案和抓捕了一批盗陵主犯，根据情节和自首实际情况，于 1946 年 2 月 1 日（农历大年三十），在景陵圣德神功碑亭前的空地上，隆重召开了审判盗陵犯宣判大会，审判结束后，为了惩治盗墓者和教育群众，告诫余犯国法不可冒犯，枪毙了六个盗陵主犯，并规定七天内不准收尸。盗墓者贾振国这个副村长，因贪财盗陵被正法，他的媳妇在景陵为他烧纸，火借风势，风助火威，还把尸体的衣服给烧了。

盗陵案专案组当时除了惩治盗墓者外，另外的工作任务就是追回被盗的国宝，九龙玉杯自然是被盗文物中的重点对象。专案组的政策是，只要交出文物，就不再追究刑事责任。这就给追回文物打开了方便大门，九龙玉杯最终被追回了。

那时，专案组为了工作的方便和更容易接近群众，都在当地百姓家派饭。当听说九龙玉杯在田老七手上，人们都很高兴。故意在裕大村田老七家派饭。蓟遵兴联合县公安局局长云光等正在田老七家，吃的是两米水饭、黏饽饽、白菜炖粉条。正吃饭间，田老七的老婆进来说："我们当家的回来了！"云光叫他进来，只见一个四十来岁的汉子进了屋，他一身半长的上衣，外罩有一个大坎肩。他抢步上前，一耸肩，右手从长袖子里，抖落出一个白玉的方形酒杯。他用讨好的口气说："局长！这就是杨香武三盗九龙杯的那件宝物，我给您保存得好好的。"又拿出一个狗肝色的石头，上面灰、黑、红色相间，刻有字。田老七说："这是皇上的镇纸，是鸡血石料。"又说："昨天，北京来人，给这两件宝物出了二百六十万元的价码，我没卖。"年轻俏皮的警卫员赵蔚说："二百六十万你不卖，还想卖多少钱？"田老七说："我的脑袋比钱还要紧哪！"逗得大家都笑了。田老七接着又交出两个核桃样的刻有"子丑寅卯"等十二个时辰的表。根据田老七的表现，我政府决定兑现镇压与宽大相结合的政策，没有杀他。

在这次抓捕盗陵犯行动中，专署公安分处处长刘儒卿和专员李铁亚也来了，他们住在马兰峪河东，指挥这次破案工作。在马兰峪河东村，云光将追回被盗的文物上交专署，由专员李铁亚接手。在交九龙玉杯时，冀东区常委书记李楚离也在场。九龙玉杯是上交盗陵赃物中的精品。九龙玉杯为白玉质，长方形，高为三厘米，宽四厘米，长六厘米，有盖。四角各有二龙戏珠，把手为一条龙，合计共九条龙，故称作"九龙玉杯"。用料白玉细腻无暇，半透明，所雕云龙工艺精巧，活灵活现。

那次上交的盗陵物品中还有：黄金，重达五斤四两，其中有金戒指、已断开的小金塔，凤冠上的凤凰等。还有大小不等的点翠头饰、鼻烟壶、翡翠、玛瑙、玉石等饰品，共有大半脸盆。其中翡翠扳指儿是镶金里的，最为出色，一个翡翠扳指儿放在水盆之中，则绿光满盆。这次交上去的珍珠有一茶盘。据笔者所知，还有曹致福上交的一些东西（尺长白布袋子，装有半袋）。这些东西都集中在李铁亚专员的住处，很多人都见到过，包括地方领导在内。此后这些东西究竟如何保存，就不得而知了。

落网：盗墓也黑吃黑

盗墓者都是以获取财富为目的，他们盗墓后，便将文物贩卖以获取利益。盗墓人之间，不是父子就是亲兄弟，很少会拉帮结派的，根本原因就是，在珍宝财富面前，或见财起意，或分赃不均，谁也不敢相信谁，唯一可以相信的，除了至亲，别无他人。事实也的确如此，这样的事情以前没少发生，就是现在这样的事情也发生过。本以为固若金汤的清东陵在2015年就发生过这样的一件事情，历史上被盗过多次的温僖贵妃墓再次被盗，而且还发生了很多鲜为人知的惊人内幕，盗墓情节堪称大片，令人震惊的同时，也让人怀疑人生。

2015年10月31日清晨四点多，景陵妃园寝的警卫按照以往的惯例，打开园寝大门进入里面检查各宝顶并逐一打卡，根据事先设置，景陵妃园寝的打卡点为十二个，均是重点部位，每次巡查都需要围绕

景陵妃园寝宝顶巡视路线图及盗口示意图

妃园寝围墙检查周围环境是否异常。这天天还未亮，借着微弱月光，警卫由西值班房西侧向北开始绕行围墙，在后院西墙外发现有人影一晃。与此同时，对面人影也发现有人过来，随即低声对警卫喊道："等一下，你过来说两句话！"警卫相当机警，立刻嘟囔了一句算是回应，赶紧飞奔跑开，立刻拨打电话报警。景陵值班副区长和保卫科值班人员接到报警后，立刻赶到景陵妃园寝进行增援。当人们来到景陵妃园寝后院，后院已经空无一人，当时还以为没什么意外事情，出于安全考虑，人们还是在各宝顶之间围绕着每座宝顶仔细寻找，但奇怪的是并未发现异常现象。人们在附近寻找了很久，最后在温僖贵妃宝

温僖贵妃宝顶盗洞口

顶月台西侧下面发现有一处可疑，有一团干枯的野草和藤茎摆放在那里，附近有部分遗骨。拨开杂物等一看，下面居然是一个长方形盗洞。盗洞为电动切割工具所为，深大约一米四，伸向月台下的部分长约一米七，盗洞内有潜水泵，用于地宫排水。由盗洞位置来看，盗洞是直接通入地宫内，并没有按照以往盗墓者惯例由石门进入地宫。盗匪避开地宫入口所在的月台踏跺处打洞，其原因是把那里作为盗口，很容易被发现。故此将盗口选在宝顶侧面，紧接着，人们在西墙外又发现水靴、蛇皮袋、残破的包裹、立在墙上的一架简易铁制蜈蚣梯子以及一团电缆。打开捆扎纷乱的包裹，发现里面有朝靴、被褥、衣服等物，其中的衣服上还能清晰看到五爪金龙。

当增援人员在园寝周围再次查看时，又发现有可疑人员晃动。欲上前盘问但可疑人员随即消失。早上七点多，清东陵相关的两位领导开车前来，在附近遇到一辆可疑的伊兰特轿车，欲盘问时，该车快速逃离。事后获知，这辆车上放有大砍刀，车上之人为盗墓者。后来破案获知，这伙盗墓者之所以在园寝附近再次出现，是因为他们盗墓出

景陵妃园寝西墙外作案现场

来，所盗物品被一伙人抢劫，警卫所看到的那些人，实为盗墓者。增援人巡视时看到的则为打劫者。盗墓者返回来的目的，是打算将被抢物品再次抢回来。清东陵相关领导将盗口用手机拍照后传给清东陵管委会主任苏广军，这件事上报并报案。当天上午十点多，国家文物局接到报案，与公安部联系，公安部挂牌督办此事。

11月13日，河北省文物局印发文件，并于11月15日通报全省文物系统。

天网恢恢，疏而不漏。接到报案后，遵化市公安局立案，河北省公安厅刑侦局、唐山市公安局及遵化市公安局迅速组成专案组展开侦破。2015年11月6日，根据线索确定了犯罪嫌疑人。11月7日，在河北遵化、天津宝坻和辽宁朝阳抓获盗匪八人，只有一个梁某某潜逃，被列为网上通缉，至此宣告破案。被盗文物被追回，其中最醒目的有凤冠一顶，凤冠为铜镀金，冠内还沾有头皮和头发。后来慑于社会和警方压力，梁某某主动于2016年10月到天津市公安局蓟县分局刑侦大队投案自首。据记载，梁某某作案时，他还处在一起刑事案件的取保候审期。2015年5月，因为银元买卖纠纷，梁某某与他人将被害人吴某非法拘禁在一处水窖内。2015年6月，梁某某被天津市公安局蓟县分局决定取保候审。

踏破铁鞋无觅处，得来全不费工夫。温僖贵妃墓被盗案破案比较顺利，线索有两条，一是盗匪起内讧，分赃不均。二是盗文物贼的家属举报。原来，打劫者将抢劫来的文物准备找下家贩卖，因分赃不均，暂时将文物藏在遵化城里的一处地下室，寻找下家时，文物贩子感觉这些文物来路不明，且还带有明显的异味，又听闻有古墓被盗，为了避免嫌疑，故此举报。而隐藏文物那家的父亲发现地下室气味异常，怕出现意外担责也对此举报。公安局通过查找比对犯罪档案记载与盗案现场指纹等信息，继而破获此案。这九人犯案者，实为两伙人，一伙为盗墓者，另一伙则为打劫者，彼此间比较熟悉，一些信息相互都知道。当盗墓者来作案时，另外一伙人将对讲机频率调到盗墓者对讲机相同的频率作监听。

据2017年7月17日《法制晚报》《法制日报》《法制网》等媒体报道，整个盗案经过是这样的：真正的盗墓者人数为四人，为首者梁某某，在天津蓟县居住，他与许某波、赵某某等人密谋到遵化市清东陵保护区盗掘古墓，并为此多次到清东陵保护区进行踩点寻找目标。

经多次踩点，确定准备盗掘清东陵景陵妃园寝内的温僖贵妃墓。后来，梁某某与赵某某、王某某、代某某组成盗墓团伙，在摸清安保人员进出陵园的时间点和巡逻规律后，他们于 10 月 23 日夜里带着铁锹、电线、对讲机等工具爬墙进入陵院，每天晚上挖掘盗洞。他们分工有序，三人负责盗墓，一人负责放哨。盗墓时，他们

《法制晚报》对盗案的报道

引来园寝西面附近农业灌溉的电力，用棉被罩在外层消音，利用电动切割工具在地面打了一米多深的洞，然后借助盗洞横向通往地宫。盗墓期间，代某某负责放哨，看着巡逻的警卫，每三个小时用对讲机通知一下；梁某某等三人负责挖土，并将挖掘出来的土用尼龙袋装起来，倒入东墙外的低洼处铺平，后来干脆将废土等倒进陵院内的一口水井里，每天从晚上十点后干到凌晨三点收工。挖了四五天后墓室被打通，盗洞中出现水，于是他们先后又买来四个水泵抽水，水泵与消防管接口处采用插拔方式，将水排放到园寝东墙外的大水坑里，抽了六七天水后下到墓室中盗取文物。共盗掘出累丝金冠一件、各式金钗八件、累丝嵌宝石花卉纹钗两件、累丝龙首珍珠耳坠三件等文物共

三十多件，经鉴定，其中累丝金冠等二十五件文物年代为清康熙朝，属三级文物，且均为珍贵文物。当时由于所盗文物众多，价值不菲，一时贪心临时决定多偷盗一些，因而耽误了时间。当他们的盗墓行为被发现后，梁某某等人从墓室中仓皇逃离，但他们到集合点时发现，所开车辆的车胎被扎了。原来，与梁某某一起到清东陵踩点却没有参与盗墓的许某波，策划了一场"浑水摸鱼"的打劫行动。

当年 10 月中旬，打劫者许某波经代某某介绍与梁某某认识，但与梁某某因盗掘时间问题发生矛盾，许某波并未一同去盗掘古墓，而是想着等梁某某盗成之后"黑一笔"。随后，许某波找到王某华、赵某、杨某民、马某强四人。就在梁某某等人盗挖温僖贵妃墓时，许某波等人多次到清东陵蹲守观察其盗掘进展，准备待梁某某等人盗掘成功后将其盗掘的东西抢走。

当听闻梁某某等人盗到了好东西，许某波等人再次来到清东陵，途中看到梁某某等人的车，随即用匕首扎车胎。到达景陵妃园寝后，许某波、王某华在车上等候，赵某、杨某民、马某强前去抢劫。此时，梁某某等人将贵妃墓中物品盗掘出来后，被警卫人员发现正在逃离，当他们几个顺着墙边的梯子下来时，与蹲守的另一伙人"遭遇"，杨某民等人打开手电筒并高喊"站住"，受到惊吓的梁某某等人扔下一个塑料袋后拔腿就跑。该塑料袋中装有一部分所盗文物。

值得一提的是，许某波组织的"抢劫团伙"内部也各怀鬼胎。他们拿到梁某某等人扔下的文物后，赵某等人并不想全部交出去，于是将其中一部分埋了起来，将剩下的文物交给了许某波和王某华。事后，三人返回将埋藏的文物取了回来。被抢走的文物有累丝金冠、累丝嵌宝石花卉纹钗等十八件。梁某某等人被抢之后，并未甘心。于是他们在镇静之后，再次返回景陵妃园寝西墙外，准备抢回被打劫文物。但在现场发现一切都晚了之后，再次逃离，途中又虚惊不小，遇到前往现场查看的清东陵相关领导，他们如同惊弓之鸟、丧家之犬，步步惊心。

盗案发生后，温僖贵妃地宫遭到严重破坏，死者遗骨遭到抛弃，为了保护地宫，清东陵向国家文物局申请对其进行保护性清理。据官方透露的清理方案，温僖贵妃遗骨等被盗出来的衣物包裹已放回棺椁，凤冠等一些物品将收入库房存放。然而，国家文物局当时并未同意清理温僖贵妃地宫，指示直接封堵盗口。河北省文物局奉命，数次强调并监督，2015年11月16日下午，清东陵方面派人将温僖贵妃遗骨、发辫等通过盗口重新放回地宫内并将盗口用砖头和水泥封堵上。

经过这次盗案，清东陵已经完善了景陵妃园寝的照明、摄像监控等安防措施，警卫由原来的二人增加到八人，实施双人八小时工作日，增加两只犬，重新安排了打卡点，并增加了打卡点和打卡次数，也为警卫人员配备了相关设备。

2017年3月，遵化市法院对盗墓者作出判决，梁某某犯非法拘禁罪、盗掘古墓葬罪，判处有期徒刑十四年零九个月，并处罚金十万元；赵某某等三人犯盗掘古墓葬罪，判处有期徒刑十四年到十四年零六个月，并处罚金八万元到十万元。打劫者许某波等五人犯抢劫罪，判处有期徒刑十一年到十三年不等，并各处罚金五万元。

尾声 永不消失 的呐喊

景陵的辉煌在时间的飞逝中成为历史，当记载这段中国历史的载体获得关注的时候，人们忽然发现，她已经很苍老、很脆弱了，不仅需要照顾，还有修复。

　　历史上的景陵多灾多难，隆恩殿发生大火，东朝房差点被烧，牌楼门的石柱倒下摔成三段，马槽沟上的拱桥栏杆被毁，圣德神功碑亭被雷击起火，等等。其中，景陵圣德神功碑亭被烧，最为惨烈。

　　1952 年 7 月 14 日（农历闰五月二十三日）傍晚，电闪雷鸣，天降大雨，景陵圣德神功碑亭突然被闪电击中起火。附近村庄百姓见此，纷纷出来救火，由于火势太大，而百姓手中的救火工具简陋，脸盆、水桶根本起不到任何作用，只能将抢救出来的烧落木料扑灭，人们眼看着熊熊大火在倾盆大雨中燃烧，却毫无办法。事后，遵化县政府对救火和抢救木料有功的村民，进行了精神和物质奖励，奖品是一些毛巾和肥皂。

　　景陵圣德神功碑亭为什么会被雷电击中起火呢？

　　民间传说，这是因为有蜈蚣精渡劫，被雷电追赶，最后被迫躲进圣德神功碑亭，藏在天花板里。雷公、电母为了追杀妖精，求功心切，不顾一切后果，最后误将圣德神功碑亭击中，也因此火烧了圣德神功碑亭。火烧连城，祸及池鱼。因火势太大，又是天火，亭内两通石碑下赑屃的水盘中，其四角的鱼龟虾蟹四水族怕被烧死，于是趁机

被烧毁的景陵圣德神功碑亭外景

逃走，导致景陵圣德神功碑亭赑屃下水盘的四角没有了四水族的身影。以上仅是传说而已。

据查，景陵圣德神功碑亭被雷电击中的真正原因有二，一是景陵地势低洼，高大的建筑和树木容易被雷电击中。二是景陵圣德神功碑亭的瓦背下面铺设的是金属——锡，目的是更加适合防止雨水的渗透。而碑亭上部有很多木料堆砌，一旦引发起火，很难扑救。

因为这次大火的发生，引起了河北省政府的高度重视，责令唐山加强文物保护。1952 年 7 月 29 日，清东陵成立了清东陵文物保管所，归唐山地区专署管理，并拨了专项资金，在各陵寝主要建筑上安设防雷电设施——避雷针。对于残破的陵寝进行调查、登记和保护，对各陵寝被盗的盗口进行了填堵，收集民间散落的陵寝文物。1961 年 3 月

4 日，清东陵被国务院列为全国第一批重点文物保护单位后，不断拨款修复一些危险程度不大的重点建筑，而对于那些残破不堪又一时无法修复的建筑，采取了落架保护政策。

20 世纪 80 年代，清东陵的管理机构由清东陵文物保管所改称清东陵文物管理处，这一机构名称的变化，意味着清东陵的保护已经延伸到管理层上，包括维护和维修文物及建筑，这是对清东陵文物的保护更上了一层楼。

1952 年，河北省政府责令保护清东陵的时候，也派人来到清东陵进行了调查。同行的人有国家文化部罗哲文、河北省文化局李正、河北省文化局文物管理处董增凯等人。他们先是去看被烧毁的景陵圣德神功碑亭情况，顺便看一下被盗的皇帝陵地宫情况。因慈禧陵和裕陵地宫的盗口已被封好，于是只看了惠陵和景陵的地宫。

在景陵地宫被盗洞口，李正、遵化公安局局长、清东陵保管所巩秀波三人准备一起下到地宫察看，为了安全起见，三人腰上都拴上了绳子，其余的人在洞口外拽绳子。于是三人从地表的盗口钻了进去。洞口不大，里面仅有一块石料大的入口。他们一手持枪，一手举着松明子火把，用绳子系着下去的。第二道石门也是半开着的，顶门石都是错位的。有一扇石门也是错了位。第二个券里有水，到膝盖。第三个券里水很深，到胸，凉得可怕。再往里是道圆券，圆券上面有石雕装饰。门上有个洞，顺洞往里看，券里全是水。水面与洞口齐平。所以最后的券未能进去，里面的棺椁也未看到。整个地宫是石券，石门上有雕刻，最后的券门是圆的，有石雕装饰。地宫里面太黑，仅靠火把的光亮无法看清地宫墙壁和券顶有没有雕刻。

1952 年的景陵地宫盗洞口常年敞着，地宫中充满了冰冷彻骨的臭水，第二道石门是半开着的，由此可见，景陵地宫的安全性存在着很大的问题。据说，匪徒盗掘景陵地宫时，使用了炸药，那么就必然会对地宫造成一定的损害。康熙帝等后妃棺椁又是常年浸泡在臭水里面，也会对残存的文物造成进一步的损害。最为凄惨的是，清康熙帝及其后妃遗骨还一直在遭受着臭水的浸泡。

当下对于清朝陵寝最有发言权的人，当数著名清史学者徐广源，他是这一方面最为权威的专家。

徐广源，男，满族，清东陵守陵人后裔，著名清朝陵寝及后妃研究学者。曾亲手整理过慈禧遗体，清理过乾隆帝裕陵及裕陵妃园寝两座地宫（纯惠皇贵妃和容妃），亲手找到容妃（香妃）头骨和发辫，还亲探过多座王爷、保姆等地宫，出版《清东陵史话》《清西陵史话》《清皇陵亲探记》《正说清朝二十六后妃》《清朝陵寝制度》《大清皇陵旧影》等多部专著，曾长期担任清东陵文物管理处研究室负责人，现任中国紫禁城学会会员。

近些年来，徐广源先生一直致力于呼吁国家抢救性发掘康熙帝的景陵地宫。他的理由如下：

一、抢救地宫建筑安全。景陵位于昌瑞山比较严重的地质断层地段，其地理位置比乾隆陵的还要危险，国家地震局为了测试这段地址的地震情况，特意安置了一个地震观测点。而据进入过景陵地宫的李正所说，景陵地宫的石门已经有了明显的错位，抢救地宫建筑的安全势在必行。

二、安装排水设施。从以往清理地宫的经验来看，景陵地宫中的遗留陪葬品一定也会有一些。这样不仅可以把这些文物很好地保护起来，还可以在景陵地宫中设置排水设施，这样才能长久地保护地宫的安全。

三、研究景陵地宫规制。可以通过地宫的建筑规制和陪葬物品的数量、品类和价值，初步了解清初帝陵丧葬礼仪的变化过程。并且可以根据残存的棺椁，研究清制棺椁的起源和延续历史的根源。因为清初帝王都是火葬的方式，不需要棺椁，棺椁的使用是在康熙帝这代帝王开始的。通过对景陵地宫的研究，也许还会进一步发现顺治帝孝陵地宫的构造，是否有雕刻，是否存在地宫渗水，地宫金井是否放有珍宝等诸多问题。

四、尊重死者亡灵。康熙帝在历史上做出了卓越的贡献，而其死后不仅珍宝被盗，抛尸棺外，就是残存下来的遗骨也是被臭水浸泡，这是对死者最大的不尊重，令死者不宁，世人寒心。所以应该清理地宫，修复棺椁，将康熙帝及四后一妃的遗骨盛殓棺内，清扫地宫，是对逝者的尊重和安慰。

最后，徐广源先生沉重地说：保护文物是我们应尽的义务，学术研究是我们事业的需要，而抢救濒危文物保证历史不断代，则是我们这代人的历史责任。

景陵地宫的安危，决不是骇人听闻的流言，而是具有保护文物价值和延续历史现实意义以及尊重死者亡灵的真切呼声，这样的呼声一经出现，就会在社会上得到人们普遍的认同和支持，也会引起广泛的讨论。

一个署名江南雨的网友率先在网上写到：景陵是清朝康熙帝爱新

觉罗·玄烨的陵寝，位于唐山遵化马兰峪清东陵昌瑞山脚下。康熙帝可谓是一个家喻户晓、妇孺皆知的人物。康熙帝治政精勤，一生极为好学，在位六十一年，是中国在位时间最长的一位皇帝，他开创了中国封建社会最后一个盛世——"康乾盛世"。康熙帝童年继位，亲政初期就凭着超群的智慧和胆识先后整治了鳌拜，撤销了三藩，清除了今后亲政道路上的绊脚石。康熙二十二年（1683）六月十四日派施琅率兵二万余人，乘战船二百余艘出征台湾。郑克爽则派勇敢善战的刘国轩守澎湖，澎湖大战郑军大败，清军击沉敌船一百五十九艘，郑军死伤一万二千人，浮尸遍海，刘国轩仅率三十一艘船逃回台湾。澎湖战败，郑克爽等极为恐慌，已无抵抗能力，于同年七月二十七日向清军奉表纳降，呈交延平王金印和户口土地册籍。

康熙帝接受投降优待郑氏。康熙二十三年（1684），清廷始设台湾府与台湾、凤山、诸罗三县，隶属福建省，在台澎分别驻兵一万人，设官治理、筑城戍守，台湾宝岛得以统一于清朝政府之下。在康熙朝台湾重归版图后的近四十年间，台湾的经济、文化、教育都得到了很大的发展。

自清朝初年开始，沙俄便侵占了东北边境，侵犯了中国的领土、主权，威胁了我国人民的安全和清朝的统治。康熙二十八年（1689）七月二十四日，中、俄双方正式签订了《中俄尼布楚条约》，条约明确规定以格尔必齐河、石大兴安岭（即外兴安岭）和额尔古纳河为两国的分界线。条约明确地划分了中、俄两国的东段边界，从法律上肯定了黑龙江流域和乌苏里江流域的广大地区都是中国的领土。《中俄尼布楚条约》的签订使我国东北边疆得到了一百七十余年的安宁，开创了我国东北边疆的盛世太平。

17世纪下半期在噶尔丹的统治下准噶尔发展成为一支强大的割据势力，控制着天山南北，威胁着青海、西藏、喀尔喀蒙古的安全，成为清政府巩固国家统一的一个严重问题。康熙帝自康熙二十九年（1690）起至康熙三十六年（1697）三次亲征噶尔丹，最终康熙皇帝解放了天山南北，从此青海、西藏、喀尔喀蒙古人民过上了幸福美满的生活！

康熙帝重农治河，兴修水利，还颁令停止圈地，招徕垦荒，恢复生产。为促进农业生产，康熙帝六次南巡，治理黄河、淮河、运河、永定河，并兴修水利，取得很大成绩。康熙帝还重视新编纂典籍，先后主持纂修了《康熙字典》《古今图书集成》《律历渊源》《全唐诗》《清文鉴》《皇舆全览图》《明史》等，总计六十余种，二万余卷。

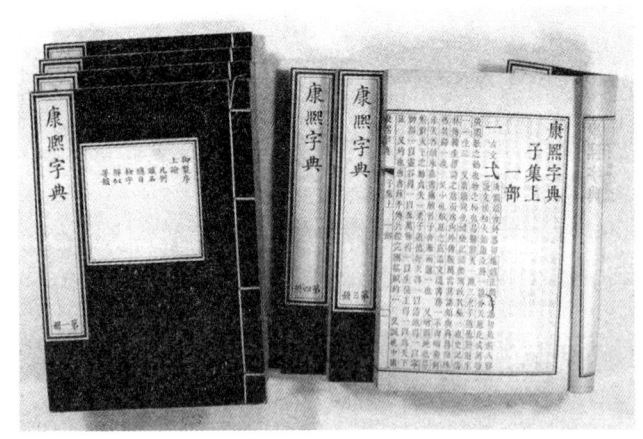

《康熙字典》

康熙帝还大兴园林，先后兴建畅春园、避暑山庄、木兰围场等，乾隆又大兴"三山五园"——香山静宜园、玉泉山静明圆、万寿山清漪园（后改名颐和园）和圆明园等，这些建筑不仅在中国园林史上堪称佳作，在世界范围内也属精品！《清史稿·圣祖本纪》中对康熙帝有这样一段评说："圣祖仁孝性成，智勇天锡。早承大业，勤政爱民。经文纬武，寰宇一统，虽曰守成，实同开创焉。圣学高深，崇儒重道。几暇格物，豁贯天人，尤为古今所未觏。而久道化成，风移俗易，天下和乐，克致太平。其雍熙景象，使后世想望流连，至于今不能已。"在康熙帝统治时期中国可谓是中原安宁，边疆稳定，人口众多，民族团结，国土辽阔，国力兴盛，百姓安居乐业！

康熙六十一年（1722）十一月十三日，康熙皇帝驾崩于畅春园，享年六十八岁。雍正元年（1723）九月初一日，康熙帝入葬景陵地宫。

1945 年日本投降后，当时的中国仍是动荡不安。清东陵附近的一些土匪掀起了继 1928 年 7 月孙殿英之后的第二次盗掘清东陵文物的狂潮。同年 9 月当地一个姓张的人纠集三百余人对景陵展开了大规模的盗掘，将尘封了二百余年的景陵地宫打开把随葬珍宝全部盗走，康熙帝及四后一妃的骸骨散落在地宫之中，一片狼藉，惨不忍睹。景陵地宫的盗口一直"对外开放"了七年，直到 1952 年清东陵文物保管所成立才封堵了盗口。一个有功于中华的人，一个推进历史进程的人，如今仍在与水患做着持久的"战争"。

综上所述我认为景陵的发掘清理是相当有必要的，只有发掘清理才是对先人康熙皇帝的真正的尊重和对景陵地宫的真正的保护，才是对历史的真正的敬畏，才不会让后代遗憾。

后　记

　　《红楼梦》又名《石头记》，即刻在石头上的人和事。什么样的人和事刻在石头上呢？碑文。《红楼梦》就是刻在石头上的碑文，碑文的内容就是记录了人和事，即一座大坟墓里面的人和事刻在了大石头上，恩恩爱爱，是是非非。康熙帝的人和故事载入史册，刻在石碑上，立在景陵，只是不叫"红楼梦"，而是称为"圣德神功"。因此，康熙帝景陵在我的眼里是一部现实版的《石头记》，更是真实清晰的皇宫版《红楼梦》，只不过真正读懂它的人少之又少，更谈不上喜欢。但我喜欢品读这样的《石头记》——康熙帝的景陵。

　　阅读好清景陵，对于研究清朝陵寝、清朝历史，都具有重要的作用。因此，作为历史爱好者，我感到有责任把康熙帝与景陵的历史渊源和现状尽最大可能地介绍给人们，使大家更加熟悉历史上这个对我国历史发展有着突出贡献的一代帝王，同时，最为重要的是想通过这样详实的介绍，引起人们对康熙陵这一类古遗址的关注、重视和保护，目的就是要对其地宫进行刻不容缓的抢救保护，使其不再因为人为和自然原因而毁在我们这一代人的手中，告诫世人尊重死者，牢记历史，人人有责。康熙帝在历史上的贡献很大，他的景陵在历史上的地位不可或缺，他的景陵理应得到重视和保护，他的遗骨也应该受到人们的尊重。

以史为鉴，可以知兴替。研究历史，不能仅仅停留在文献资料上，还要研究同时期历史留下来的古迹。人总是要死的，而古人或多或少都会有意无意留下很多的遗迹遗物，古城古堡、洞穴废墟、古老村落、建筑遗址等，而能留下更多、保留更完好的则是墓葬。社会向前发展，各个时代的埋葬形式也会随之发展演变，葬制、习俗、随葬品也就出现了千差万别，因为其间不仅包含着他们和当时时代的思想意识、风俗习惯、政治和经济等社会环境，还内含着当时社会发展的科学、技术文化和艺术等，如果把这些都能完整地挖掘、系统地整理出来，就能比较清楚地了解社会的发展步伐和人的思想观念，取之精华，服务社会，净化社会环境，解读历史疑案和悬案。

我写此书虽出自爱好，但也真诚希望通过这本书的介绍，使人们熟悉和掌握我国历史上文化的渊源和文明发展进程，并借此呼吁我国文化的保护和延续不仅仅停留在口头上，更要付之行动。

此书稿参考了许多学者前辈的著作和论述，我特别真诚感谢很多著名专家学者的大力支持和帮助，在此一并感谢。同时，对好友张元哲、贾嘉、王志阁、李宏杰、冯建明、代奎等人的帮助和支持，表示真挚的感谢。值得一提的是，张元哲先生的帮助像清东陵的朝山——金星山，李宏杰先生的帮助像清东陵的靠山——昌瑞山。真心谢谢二位好友。

由于我才疏学浅，有很多还不太成熟的观点、论述和自己的体会，其内容在文笔上肯定有词不达意甚至谬误的地方，恳请史学前辈、专家学者，提出宝贵的意见和中肯的批评。

最后，谨以此书纪念我最敬爱的母亲，她于 2011 年 10 月 15 日中午 11 点 50 分离世，我很想念她。母亲为人淳朴、仁厚、勤俭。她虽然身体不好，却曾在景陵妃园寝陪伴我数月。我也曾因小事发脾气与她大吵，一天傍晚下着大雪，养着的小鸡需要放纸箱里，我因病重走路都费劲，无法猫腰追逐抓小鸡，那时心情又特别悲观压抑，因此反对她在此养小鸡，气得她都哭了，我的舅爷等特意赶来劝解，事后很后悔，因为当时未道歉，多年来这件事一直压抑着我，内心无比的难过和愧疚。每当想到这些，深夜里眼泪止不住流下，我没能让母亲享受到快乐和幸福，一生愧疚。

我的人生波折不少，只是因人渺小又平凡而无人知，百年之后也是一部《石头记》。其实，世间大大小小的各版《红楼梦》很多，每个人的经历都是一本《红楼梦》，只是表现的形式各异，方式多样而已。成年人的世界里，不仅有诗与远方，还有酒和泪，谁会在生活、感情和事业上没有些故事呢？试想一下，我们谁又不是在随时扮演着剧中的贾宝玉、林黛玉、薛宝钗、袭人、晴雯、贾政、薛蟠等角色呢？

最后，希望此书出版后，依然能得到朋友们的支持和喜爱。在此也表达我对北京的张元哲、贾嘉，唐山的李宏杰、冯建明、石海滨，四川眉山代奎等朋友的感谢，感谢在我生病住院时的支持。

一粒小尘土　徐鑫

2021 年 11 月 16 日于思正书屋